書店に恋して

リブロ池袋本店とわたし

菊池壮一

晶文社

装丁・本文組　細野綾子

書店に恋して

目次

プロローグ

最終営業日

平成二七年（二〇一五年）七月二〇日、リブロ池袋本店はついに最終営業日を迎えてしまった。

「いつもと変わらない一日にしよう」と幹部スタッフと事前に打ち合わせ、いつもと同じ朝礼を始める。今日一日、マネージャーの矢部潤子に密着取材をしてくれる『本の雑誌』スタッフも同席。

連絡事項に続いて私が「お客様へ感謝の気持ちを忘れずに、今まで一番の笑顔で接客しよう」とメンバーに呼びかけ、恒例の接客用語の唱和に移ろうとしたときだった。

接客用語の唱和とは「いらっしゃいませ」「ありがとうございました」「またどうぞお越しくださいませ」の接客三大用語を朝礼出席メンバー全員で、お辞儀をする動作をつけながら大きな声で唱えるものなのだが、この日の唱和リーダーがふと気づき、「今日は、またどうぞお越しくださいませは言わないんですよね」と私に尋ねたのだ。

ぐっと胸に来た。

「私たちは必ず池袋で復活しようよ。だからいつも通り言おう」と何とか答えたが、涙はこらえ切れなかった。大きな涙声の唱和になった。

開店時間になり、店頭に立ってお客様をお出迎えする。いつもと全く違う数・スピードのお客様が走り込んでくる。

三番目か四番目に、右手を差し伸べながら近寄ってくる紳士が……。リブロの取締役もやっていただいた阿部元日販会長だった。そんな感動的な朝から最終日が始まった。

昼前からお客様が増え続け、レジに列ができ始める。昼を過ぎると版元や以前働いていたOB・OG、作家、著名人の皆さんが続々と来店。歌手の木山裕策がリブロ入り口のシンボル「光る柱」にサイン。江口寿史は二度目のサインに来てくれた。

マスコミの取材も想像していたよりはるかに多く、マネージャー以上で手分けして対応する。

夕刻よりレジは長蛇の列となり、作家やアーティスト、著名人のサインで一杯になった「光る柱」前は記念撮影の人々でごった返す。こちらでも我々は結構な人気で、何枚一緒に写真を撮っていただいたかわからないくらいだった。

スタッフたちは、営業時間が残り少なくなっても、売れた商品を補充し、棚の乱れを直し続ける。「今日で終わりだからこそ、きれいな売場を作りたい」そんな気持ちがひしひしと伝わってくる。隣のジュンク堂のリブロOG田口久美子も来て、『本の雑誌　さよならリブロ特集号』の販売を手伝ってくれている。

閉店三〇分ほど前から、「まもなく閉店でございます」とふれて歩き始めるが、レジの列が短くなる様子もなし。「光る柱」の前はますます人が増え続ける。

二一時二〇分、最後のお客様の会計が完了するが、皆さん帰らない。

「光る柱」の前にスタッフが集まり、そこで社長から一言だけ最後のご挨拶をと決めていたのだが、混雑しすぎてなかなか始められない。西武百貨店スタッフから冷ややかに「事故が起きるとたいへんだから」と促され、テレビ局のカメラもスタンバイしたのでササッとスピーチさせていただいたが、取り囲んだお客様は帰ろうとしない。家族や友人の顔もたくさん見える。

我々の写真を撮り、「ありがとう」や「また再開してくれ」と口々に声をかけてくれ、握手を求めてくれる。我々も最後目一杯の笑顔で揃って「ありがとうございました」を大きな声で唱和すると、「こちらこそ」「君たち最高だったぞ」と返してくれる。

お客様と一体になった本当にうれしく、ありがたいフィナーレとなった。

第1章

リブロ黎明期

一九七七―一九八四

西武ブックセンター

西武ブックセンター（＝池袋西武の書籍売場、後のリブロ池袋本店）のルーツは、今やはっきりとしたことはわからない。

しかしセゾングループのオーナーだった堤清二や、やがて堤清二的なものを全否定することになる和田繁明（元そごう西武社長）も書籍売場にいたという話を聞くと、昭和二五年（一九五〇年）、前身の武蔵野デパートから西武百貨店に名称変更した頃から存在していたのではないかと思われる。

私が入社したときお世話になった書籍売場の庶務係長が昭和二八年（一九五三年）入社で、

「その頃から小さい売場があった気がする」と言っていること、堤清二の入社が昭和二九年（一九五四年）であることからもそう想像できる。

西武ブックセンターを正式に名乗るのは、昭和五〇年（一九七五年）池袋西武の第九期改装工事に伴い、一一階に約三〇〇坪でオープンしてからである。

西武ブックセンター誕生には、堤清二が深く関わっていた。

彼は、西武グループの創始者で衆議院議長まで務めた堤康次郎の妾（後に本妻）の子として誕生した。

康次郎は他にも女性を囲い、暴君的に堤家に君臨していたため清二はこれに反発し、東大時代、共産党に入党して学生運動に力を入れるが、共産党を除名されて康次郎のもとに戻る。康次郎の秘書を務めた後に、西武グループの中の流通部門を引き継ぎ、パルコや西友を創立して業績を上げ、この当時「流通の革命児」として世間の注目を集めていた。

また詩人として、辻井喬《たかし》の名前で創作を続け、昭和三六年（一九六一年）に室生犀星詩人賞を受賞。作家兼務の文化を理解する経営者として、池袋西武の第九期改装工事をきっかけに美術館やカルチャーセンターを導入しようという構想を持っていた。

書籍売場についても、百貨店の中で最大級のものを目指し、当初、他の書店を誘致しようとしたのだが、清二の「やはり自前でやろう」の一言で自営の大型書籍売場を作ることになったのであった。

この書籍売場の部長を任されたのが、後にリブロ初代社長となる小川道明である。小川は昭和四年（一九二九年）生まれ。慶應の学生時代新聞部長を務め、昭和二年（一九二七年）生まれの堤と同時代に学生運動を推進した仲であり、学校を卒業して出版社に勤務していたのを堤がスカウトしてきていた。その信頼は絶大であった。

修業開始

私が書籍売場に新入社員として配属されたのは、開店二年後の昭和五二年（一九七七年）。その年は就職がたいへん厳しく、私立大学でドイツ文学をやっていた私のような学生など、ほとんどの有名企業から門前払い。西武百貨店は、学生の人気企業ベスト一〇の常連だったのに、どんな学生でも受験させてくれるありがたい会社だった。

試験は、英語のヒアリング、売場適応試験まで五次にわたるもので、コネも何もない私が受かったのは奇跡であった。

西武百貨店の名前に何となく憧れて受験した私には、特に百貨店で何をしたいというプランはなく、同期の人間が出世コースである（後で知ったのだが）婦人服や紳士服、販売促進などを希望する話をしているのを聞いても、「よく研究しているもんだなあ」と感じる程度だった。

結局どういう判断をされたものなのだろう、書籍売場に配属される。

池袋西武の書籍売場はその頃まだ混沌としていた。

旧大店法（大規模小売店舗法）の時代で書店組合の要望も厳しいものがあり、週刊誌は売ることができず、地元の学校へのアプローチも自粛を求められていた。版元（出版社）もそんな話を気にしていたし、また「素人集団の百貨店書籍売場」と揶揄される書店に積極的に常備や新刊を回してやろうというところは多くはなかった。

社員の構成も複雑で、他書店からスカウトされてきた人、スカウトされたつもりできた人、百貨店の他の売場から希望してきた人、飛ばされたと思ってきた人、それをまとめる課長以上は部長の小川以外百貨店人といった具合。そこに右も左もわからない我々新入社員が入って……、カオス以外の何ものでもなかった。

新入社員にはマンツーマン指導員がついてデイリー業務を教えるのだが、この指導員が百貨店系か書店系かで教え方が全く違った。

百貨店出身者は「お前は百貨店の試験を受けて入ってきたのだから、百貨店の基礎知識をまず覚えよ」、書店出身者は「これからは各部門が専門店化していって独立するのだから、本の知識が優先だよ」といった感じ。週に一回百貨店の人事教育部の研修があって、そこでマンツーマン指導の経過を聞かれるのだが、「書籍部は何やってんだ？」と言われることも度々であった。

初期研修が終わって部門内で最初に配属されたところが専門書売場。担当係長は山西正夫、書店系の厳しい人だった。『書店風雲録』(ちくま文庫)など、池袋の書店物語を書いている田口久美子もここに所属していて、ストックで涙を拭いている姿を何度か見ているが、私は、彼女の文章に山西が登場しないわけがわかるような気がしてならないのである(笑)。いずれにしても二〇代の田口を知っているのは、もう私くらいだろう(続笑)。

当時、「書籍部の人間は儲けることを考えずに話題になることを考えよ」と言われていたので、山西の要求もキツかった。

新刊台の選書やデコレートは彼と仕入れ担当係長の中村文孝(書店組。後に田口と一緒にジュンク堂へ転職)が仕切っていたが、どこの書店でも売れているものはあえて排除し、人文系の渋い本ばかり並べていた。

私はビジネス書担当だったので、売れている竹村健一の本も新刊台に置くべきだと考え、閉店後こっそり積んで置いてみたのだが、翌朝出勤すると床に投げられていた。「ビジネス書の売場で売っているにはいい、新刊台に物申すなんて百年早い!」と怒鳴られた。

という感じで修業がスタートしたのだが、毎日の仕事といえば、新人には相当きつい量の納品処理。そして必ず毎日発注し、決められた時間になると返品を作るといった按配であった。

返品は百貨店の規定に沿っておこなわれていたので、百貨店統一伝票という六枚複写五行書きの骨董品的帳票に一行ずつ書名を記入していかなければならなかった。

これは大苦行で、毎週決められた曜日に、百貨店の商品管理課員と検品をするのだが、伝票の厚さが二〇センチ超えは当たり前、検品時間が半日を超えるのも当たり前。理不尽極まりない仕事であったが、電卓が広まり、加算機が導入されるまでの数年は、新入社員のルーティンワークであり続けた。

また、担当ジャンルの売上スリップを持ち帰って家で集計するというのも皆がやっていた。これは自己啓発と言えば自己啓発、無償残業と言えばその通りなのだが、商品知識を身につけるには最適だったなと思う。少なくともパソコンのデータを眺めるよりは、一枚一枚確認するという行為のほうがはるかに頭に入る、と今でもそう思う。

親には「何やってんだ」とあきれられたが、池袋本店でも閉店の最後の日までスリップを離さない社員がいたことを思い出す。

そんな形でスタートした修業生活であったが、周りは徐々に落ち着いていく。出版・書店業界の知識を振り回して部内を仕切ろうという書店からの転職組も、いざブックフェアや古本祭りをやろうとすれば百貨店組が持っている関係部署との調整や広報などのノウハウを借りざるを得ない。逆もまた同様である。

百貨店出身者、書店出身者それぞれのやり方を語り合い折衷的な西武ブックセンター型オペレーションが見えてきたし、凝ったブックフェアを開催したり、新しい切り口の棚を作ったりと、変わったことをやる店、面白い店と認識してくれるお客様が増えるにつれ、出版社も関心を深め色々と協力してくれるように変化していった。

週刊誌はその後も長いこと売ることができなかったが、朝一で買いにくるようなお客様もおらず、売上にたいした影響を与えなかったため、我々もお客様も「なくて当たり前。どうってことない」となっていく。

学校をはじめとする団体や法人、個人向けの外商は百貨店の外商部が熱心に手がけてくれるようになり（外商部にそれまでなかった商材なのだから売れるのは当たり前であった）、百科事典や全集も売れるようになって、これもまた出版社の信頼を深めてくれることになった。

古き良き時代

楽しい思い出もたくさんある。

当時の西武百貨店には「シスター職」という職位があった。シスターとは、係長の補佐役の女性社員で、係の中の平社員をまとめ、なおかつ〝女の道〟を説くような存在である。彼女たちの名札にはピンクのラインが入り、人さばきが本当に上手く恰好よかった。私の知り合いでも年上のシスターとゴールインした人間が何人もいるほどだ。

入社して間もない正月だったと記憶しているが、その当時は事務所に菰樽《こもだる》が置かれ、来客と一杯やるのが慣例で、お客さんが来なくても男性社員は事務所で飲んでいるのが普通だった。

カウンターは和服で着飾った女子社員が守っている。私は申し訳ないと思い、「手伝います」と言ってカウンターに入ろうとしたが、シスターから「そんな気遣わなくていいの。男は裏で飲んでらっしゃい。出世しないわよ」と一喝された。飲むことも、男が甘えることも今は許されないであろう。不謹慎ながら良い時代だったなと思う。

社員食堂も圧巻だった。たしか池袋西武の七階の裏のほうにあったと記憶しているが、そこで働く何千人もの胃袋を満たす場所である。かなり広いスペースをとっていた。

しかし、当時は〝禁煙〟どころか〝分煙〟の意識もなく、タバコは吸い放題。最先端の百貨店のはずなのに〝パウダールーム〟の発想もなかったので、食事をした場所で化粧を直し放題。

最初に足を踏み入れた日はタバコと化粧品の臭いで気持ち悪くなり、食事をしないで出てきたのを覚えている（その頃私もまだタバコを吸っていたのだが……）。

シスターや先輩に誘われるので、自然と慣れっこになっていったが、今では考えられないことだろう。ラーメンやカレーが五〇円、六〇円ほどで食べられ、同じ売場の人間同士はもちろん、他の売場の人たちとのコミュニケーションもドンドン広がる楽しい場であったが、男性の前で平気で化粧する女性社員の姿はなかなか正視することはできなかった。

もっとも、男というもの、こっそりと見てしまうのは仕方のないこと、と許してくれればありがたいが、意外な人の意外な素顔をたまには発見したりしていたのも事実である。

今ではもちろん喫煙場所は限られているし、パウダールームも完備されている。

夏になると「大地祭」というお祭りが開催された。

これは池袋西武がある池袋駅東口の商店が中心になって催すもので、今ジュンク堂がある通称〝ビックリガード〟の交差点からパルコの前までを、連《れん》をつくって阿波踊りで練り歩き、その優劣を競うという祭りであった。

新入社員は当然駆り出され、本番一か月くらい前から練習。一週間前になると練習はさらに激化して、毎日夕方総務部長から「集合！」の号令がかかる。本番用の衣装を身につけ、カネや太鼓も入って遅くまで繰り返し練習させられたものだ。

これは主に社員食堂でテーブルを片付けてやっていたのだが、いくら扉を閉めていてもカネや太鼓の音は売場に漏れてくる。近くを通るお客様も季節を感じて下さっていたのであろうか。今でも気にかかる。

池波正太郎との出会い

私は元々書店に勤めようという強い意志があったわけではないので、そんなにたくさん本を読んではいなかった。

しかし書店からの移籍組は、様々なジャンルの本を読んできており、「そんなことも知らないの」という顔をよくされた。それが何とも悔しくて、とにかく読んでいないとまずそうな本は片っ端から買い込み、読み始めた。給料は一〇万円そこそこだったが七、八万円は買っていたと思う。

当然そんなに読めるわけはないのだから、ストレスも上乗せされていたのだろう。青白い私の顔を見かねた優しい先輩が「お前、無理して難しい本ばかり買っているけど、たまにはこういうのも読んでみな」と渡してくれたのが池波正太郎のエッセー『男の作法』（新潮文庫）だった。

それまで、時代小説には興味がなく、池波の本も読んだことがなかったが、日頃から何かと声をかけてくれる大学の先輩からだったので読んでみることにした。

驚きだった！

この本は、ものの食べ方や着物の着方などについて心得ておくべき作法を池波が語ったものだが、その粋さ加減、洒脱さに一発で参ってしまった。

『鬼平犯科帳』『剣客商売』『仕掛人・藤枝梅安』『真田太平記』をあっという間に読破し、全作品を読む。池波本人に連絡を取りたいという気持ちがどんどん強くなっていった。

当時は、〝個人情報〟という単語を耳にすることもほとんどなく、一般に販売されている本で作家やタレントの住所、電話番号がわかる時代だったが、さすがに売れっ子の大小説家に電話するのは気が引け、手紙を書いた。

愛読者であること、やがて「池波正太郎展」みたいなことができたら最高であるなどと勝手なことを書いたので、返事は期待していなかったが、即返ってきた。

それをきっかけに手紙のやり取りが始まり、数か月後、「一度遊びに来い」と誘われて、定期的にお目にかかるようになる。書店人生最初の幸運である。

池波家は、武蔵小山商店街の裏手にある小さな三階建てで、一階が応接室とキッチン、二階が書斎、三階が書庫。そこに豊子夫人と、池波の母鈴の三人、そして不特定多数の猫が暮らしていた。

初めて訪問したときは、文藝春秋の担当編集者が同席していたと思う。池波は、自著の売れ行きや、連載小説の感想を尋ねてきた。私はそれに素直に答え、池波は終始ニコニコして聞いていた。

帰りは文春の人と一緒に駅まで歩いたが、「池波さんにあんなに大胆にものを言える編集者はいないよ」と言われた。それは何となく文春以外の出版社の池波担当にも伝わり、何か言いづらいことがあると私を経由して、ということが度々発生するようになる。

少し後に、「池波は、若い書店の人の意見をとっても聞きたがっていたのよ」と豊子夫人から言われたが、聞かれれば、「連載のストーリーの進み方が遅いと思う」とか「梅安をもっと書いて欲しい」などと答えていた。大池波によくぞ、と今頃冷や汗を感じている。

池波は映画の論評も書いていたので、試写会の前後に浅草や銀座に呼び出され、お供して歩いた。また、御茶ノ水の山の上ホテルにこもっているときは、天ぷらも度々ご馳走になった。

今では銀座の有名店になった「てんぷら　近藤」の近藤文夫が和食の責任者をしている時代で、たいへんおいしいものだったが、『男の作法』に書かれている通り、揚がったものをさっさと食べろ、食べろといつも言われ、天ぷらを食べている間はほとんど会話ができなかったことを覚えている。

「てんぷら　近藤」がオープンするのは池波が亡くなった後であるが、豊子夫人とご一緒させていただいたときには「今日は皆さん少しリラックスしてお召し上がりください」と座を和ませてくれ、一段と進歩した天ぷらを食べさせてくれたものだ。今、予約が取れないほど池波の人気店になっているのは皆の知るところである。「近藤」の暖簾は、（池波が亡くなっていたので）近藤が自ら池波の書いた字を探して並べたもの。ている。店内には池波の絵も飾られている。

池波と親しくなるにつれて思うのは、「池波正太郎展」のことだった。シャイな下町っ子の彼はそういう派手なことは嫌いである。

いつ言い出そうかと思ったまま数年経った頃、池波から「自分が描いた絵や挿絵がたまっているので処分したい」という話があった。それらのうちの多くはすでに画集に載っているものの原画で、人にあげたり売ったりしてしまっては、池波展実現のときに面倒なことになる。

このタイミングだと思い、「でしたら池袋で先生の展覧会をやってからにしませんか」と勇気を出して言ってみた。答えは「少し考えさせてくれ」だった。

その後何度か会う機会があったが、話題には上せづらい。しかし、いやなら「ノー」とすぐ言ってくる人である。手紙でそっと聞いてみることにした。

「先生の信条として、おおげさになりはしないかとお悩みになられているのでしょうけれど、全国の池波愛読者のために一回限りでいいから展覧会をやらせて欲しい」と。

返事は意外と早く返ってきた。

「君がすべてプロデュースするなら、君の好きなようにやりなさい」と書いてあった。

「やったー！」である。早速西武百貨店の催事担当と連動し作業を開始。池波の身の回り品や記念品、書庫の本も自由に選んで展示していいと言ってもらった。会場で流すインタビュービデオの撮影、サイン会もＯＫ。

また池波が、各出版社やテレビ・映画関係者にあらかじめ連絡をしてくれていたので、池波家以外からの展示品借用や写真使用など、驚くほどスムーズに進めることができた。松竹のプロデューサーだった市川久夫、今は池波正太郎記念文庫の責任者をしている鶴松房治《ふさはる》の存在もありがたかった。

昭和六二年（一九八七年）一月、池袋西武七階の大催事場で「池波正太郎展」開催。内覧会一番乗りは緒形拳。池波の理想の秋山小兵衛＝中村又五郎ら、俳優陣もたくさん出席し華やかなものとなった。

ところで……。この内覧会に出席してもらうため池波一家を車で迎えに行ったのだが、玄関を開けると豊子夫人が着物姿で正座して待っていた。

「菊池さん、一時間も遅刻じゃない。池波はカンカンで書斎にこもったきり出てこないのよ」とのこと。こちらは早すぎたかと思っていたくらいなのだが……。池波は、我々が池袋を出発する時間を到着時間だと思い込んでいたのだった。

「私の伝え方が悪かったんだと思います」と素直に謝っていると、おそらく書斎で聞き耳を立てていたのだろう、すたすたと二階から降りてきて、「行くぞ」と一言。さっさと車に乗り込んでくれた。

車中しばらくは重苦しい雰囲気だったが、池波が「菊池君、ご苦労だった。これ使ってくれ」とクロスのボールペンをくれて、一気に和んだ。

展覧会は連日の満員御礼。サイン会もあっという間に参加整理券終了。試しに少しだけ販売用に出品してもらった池波の絵は、初日、数分で完売した。

池波や周囲の人たちも笑顔が絶えず、私は最高に幸せだった。


しかしこの翌年くらいから池波は体調を崩し始める。

そして昭和六四年（平成元年・一九八九年）、優れない体調を押して銀座の和光で絵の個展をおこない、ほとんどの絵を売り払ってしまう。

このときは機嫌も相当悪く、個展の最初にほんの一言挨拶をして（それもほとんど聞き取れないほどだった）、控え室に引きこもったきりだった。


池波は「絶筆（死亡により小説が未完になること）は残したくない」と言っていたのだが、一九八九年相当体調が悪くなってから『鬼平犯科帳』『剣客商売』『仕掛人・藤枝梅安』の連載を再開している。

また元気になれると思っていたのだろうか。最後の入院に付き添った豊子夫人にも、「もう大丈夫だから、家に帰ろう」と言っていたそうだから、そういう気がしないでもない。

しかし、連載再開後の作品には秋山小兵衛や藤枝梅安といった重要な人物が殺されそうになる場面が明らかに存在する。それを見ると、やはり死を覚悟していて、自分の死の前に物語を完結させようとしていたのかなとも思う。

今となっては謎であるが、何事にも几帳面な池波のこと、何がしかのけじめをつけようと考えていたのは間違いないだろう。

長谷川平蔵、秋山小兵衛、藤枝梅安たちは、池波の絶筆＝死によって殺されずに生き残った。それも運命なのかもしれない。

あの年に、池波展を開催できたのも奇跡的な運命なのだろうか。展覧会で苦労をかけたのが寿命を縮めてしまったのではないだろうか。今も度々思い出しては悩み込む。

豊子夫人は「何言ってるの、菊池さんには感謝してるわよ」と言ってくれていたが、永遠に悩み続けるべき問題だなと思っている。

「連載休んでも気にすることないですよ……。ゆっくりお話を進めてください」と言ったのが、池波正太郎との最後の会話になってしまった……。

実は池波よりはるかに恰好いい江戸っ子だった豊子夫人は、池波没後も池波家を仕切り、平成二四年（二〇一二年）一二月二三日、夫のもとへと旅立った。肺気腫を患って何度か入院し体力がだいぶ低下していると伺っていたので、ご自宅をお訪ねするのは控えていたが、一九日に池波事務所に寄ったときには、元気にされているということだったのでショックだった。

池波が亡くなって二二年。この間の豊子夫人の活躍は「すばらしかった」の一言に尽きる。彼女は全く欲のない人で、テレビ出演や回想録の出版などの話はすべて辞退していた。池波の生まれ育った浅草・台東区立中央図書館内に計画された池波正太郎記念文庫設立時には、書庫にあった資料、書籍、メモ、原稿、絵など、池波の遺品のほとんどを無償で提供し、多額の寄付も同時におこなっている。

また、池波が特別に懇意にしていた長野県上田市での池波正太郎眞田太平記館、池波の先祖の出身地である富山県井波町（現南砺《なんと》市）での池波正太郎ふれあい館の設立にも協力したが、それ以外はどんなに要請があっても、お金を積まれても断った。本来、池波も夫人も記念館的なものは好きでない性質なのだが、池波が亡くなった後、多くの要望があった中でのこの三箇所の選定の潔さ、きっぷのよさは傍で見ていても感心させられたものだ。

我々とも親交を続けていただき、上田や浅草での記念館のオープニングに立ち会わせていただいたり、鬼平で相模の彦十を演じた江戸家猫八親娘を伴って、井波にもご一緒させていただいた。外神田の「花ぶさ」や銀座「みかわや」「煉瓦亭」など池波が愛したお店へもよく連れていっていただいた。

池波以上に面倒見がよく、優しい人。気取らず、威張らず、質素を心がけつつも、寄付が必要なときはドーンと支払う。本当に尊敬できる方だった。

豊子夫人の通夜・告別式には、各地の関係者、編集者、二人が通ったお店の店主、俳優たちが集まり久々の同窓会のようで、お清めの後も場所を変えて二人の思い出話や文学談義に花が咲いた。


池波が『鬼平犯科帳』を発表していた月刊文芸誌『オール讀物』(文藝春秋)は何年かに一度「作家の手紙特集」を組む。豊子夫人が亡くなった翌年の『オール讀物』五月号もその特集だった。また、それは奇しくも池波が生まれた年に創刊した『文藝春秋』誌の九〇周年でもあった。

編集後記の編集長のメッセージを紹介すると、

文藝春秋九十周年の特別編集です。大正十二年の文藝春秋創刊の七年後に、小誌オール讀物は文藝春秋臨時増刊として誕生しました。(中略)この度、文藝春秋と同年生まれの池波正太郎さんが、やはり同じ年の司馬遼太郎さんから頂いた手紙が見つかりました。運命に導かれるように作った「作家の手紙」特集。(中略)御愛読ください。

とある。

池波に関する記事は、池波のアシスタントを長い間務めた鶴松房治と、かつて『オール讀物』で池波を担当した鈴木文彦の対談形式になっている。

それによれば、池波の書斎の机の後ろに書棚があり、戸棚を作ってそこに手紙を入れていたのだがその前にも資料や本を置くようになり、戸棚がふさがれて家族も気がつかなかった。亡くなって二〇年以上が経ちだいぶ家が傷んできたので、改装のため家具を移動させたところ一一三通もの手紙が見つかったということである。

手紙は、池波の師・長谷川伸をはじめとして子母澤寛《しもざわかん》、山手樹一郎、川口松太郎、司馬遼太郎、山田風太郎……、役者や編集者、飲食店主からのものもあったそうだ。

中でも驚きだったのが司馬からの手紙で、鶴松・鈴木によれば、「東京へ行ったら会ってください。三八にもなって友人ができるとはおどろいた」とか「いっぺん池波さん一緒に旅行したいです。池波さんからにじみでているあのいい味にひたりたいと思います」とまで書かれていると言う。

二人とも大正一二年（一九二三年）生まれ。直木賞受賞も司馬が昭和三四年（一九五九年）下半期、その次の期が池波。親友として付き合っていたのかなと思う。

しかし、このとき以降の手紙は見つからなかったようだし、私が池波と話すとき、ライバルと思われる司馬の話題は出さないようにしていたこともあるだろうが、池波から司馬の話は聞いたこともない。

また一つ謎が増えたなと思った。

それにしても、編集長が言う通り運命的な特集であった。前年豊子夫人が亡くならなかったらおそらく発見されなかったであろうし、池波の命日は五月三日。『オール讀物』五月号のために見つかってくれたようなものだ。

このときは、この『オール讀物』を中心としたミニ池波フェア＝「池波正太郎への手紙」を、池袋本店と池波の故郷にあるリブロ浅草店で実施した。見つかった手紙を写真パネル化し、司馬をはじめ各作家とのツーショット写真も展示して好評だった。

後日池波の家族と「見つかったのが変なものでなく手紙でよかった。変なものだったら発表できないしね」と笑ったのも覚えている。


大河内昭爾、林家木久扇、吉村昭・津村節子

昭和五四年（一九七九年）池袋本店は一〇階と一二階にも拡大して、書籍売場だけで五〇〇坪という都内最大級（当時）の展開になる。

一〇階は、趣味書売場「ブックブティック」(今となると恥ずかしい命名だが……)、演劇専門店「ワイズフール」、児童書売場「わむぱむ」とコミック売場。大型レコード売場「ウェイブ」が隣接し、トークショーやミニライブができるカフェ「シティ」。

「ブックブティック」の音楽書、楽譜、音楽誌の品揃えはおそらく日本一。また、趣味書を分離独立させた書店は珍しかったと思う。

「ワイズフール」もドーランや脚本まで揃え、際立った独自性を誇り、「わむぱむ」はこの頃からすでに読み聞かせやお客様参加型イベントを実施していた。そしてコミック売場では、何と著者別展示を実施し、さらに対面販売をおこなった。

一一階は一〇階のジャンル以外の書籍売場。得意の人文書はますます磨きがかかってマニアックな品揃えで、「人文書の売上は池袋西武がMAXだと思って刷ればいい」と出版社に言われるまでに成長していく。後に「思想系の棚の内容が斬新である」と当時の人文の担当の名を冠した〝今泉棚〟が有名になるが、その基礎はこの頃から出来上がっていたのである。

そして「ぽえむ・ぱろうる」は詩の専門店としていぶし銀の存在を誇り、他には、全面ガラス窓越しに池袋西武の屋上や街を見渡せるカフェ・レストラン「フィガロ」、理髪店「セビリア」が配された。

一二階は、西武美術館と洋美術書ショップ「アール・ヴィヴァン」。ここは若き日の永江朗がエプロンをかけて働いていた場所である。

こうして改めて見てみると、この頃からブック＆カフェを超える複合書店をやっていたのだなあと思う。当時、複合書店などという単語は存在していなかったが、堤清二の目線はそこに向いていたのだろう。次の出店に備えて社員もたくさんいた。三層で九〇人以上。今ではとても考えられないことである。

当時は気がつかなかったが、すごい時代にすごい場所で働かせてもらっていたのだ。

小川道明は、「個性的な棚を作れ。絶え間のないイベント提案を続けろ。儲けることは考えなくていい」と言い続けた。堤清二の考えも同様で、彼の全幅の信頼を得ていたとはいえ、小川は当時一部長にすぎなかったのだから、当然堤までの間に上司が存在する。しかし、私が見聞きする限り、常に堤とダイレクトに話をしていたように思う。面白く思わなかった上司も多かったであろう。「書籍売場憎し」はこの頃萌芽したのかもしれない。

何年かのち、私は一〇階の「ブックブティック」を担当することになる（「ブックブティック」という名称は、やはりこっ恥ずかしく、照れくさく、また売場に特別の表示もなかったので、この頃には普通に趣味書売場と呼ばれていたが……）。

私は、安易に流れがちなこの売場をもう一息個性的なものにしたいと考え、色々と悩んでいた。

ある日、雑誌の棚を何となく眺めていると、『食《あさめし》 食《ひるめし》 食《ばんめし》』という薄いＡ５版の季刊誌を発見した。「こんな雑誌あったのか」と思ってページをめくってみると、志賀直哉や伊藤桂一、新田次郎といった著名な作家の食に関連する小説やエッセーを柱にして、近代日本文学と食との関わりを研究・紹介する小粋な雑誌であった。

こんなすごい雑誌って誰が作っているのだろうと思い、一番後ろのページを見てみると、そこに編集長大河内昭爾の名前を発見。

「よし、〝食〟に関するコーナーから手をつけよう」

早速大河内に連絡を取り、会いに行ったが、ただのサラリーマン編集者だろうと思っていた彼は、とんでもない人だったのである。

昭和三年（一九二八年）生まれ。本業は、武蔵野女子大学（現武蔵野大学）の副学長。『文學界』の同人雑誌評のコーナーを長年担当し、芥川賞作家の発掘にも貢献してきた文壇の重鎮であった。

また、彼は若い頃、丹羽文雄がスポンサーだった同人誌『文學者』に参加していて、そこに集った、中村八朗、小田仁二郎、瀬戸内晴美、吉村昭、津村節子ら、そうそうたるメンバーと交流があることもわかった。

当初、目一杯緊張して話を始めたが、うれしい偶然が重なる。

当時、吉村昭と津村節子夫妻の娘が私の部下として働いていたのだが、吉村家と大河内家は家も近く、一番の仲良し。娘のことも小さいときからよく知っているとのこと。また私とは、誕生日も近く血液型も一緒、学校も高校からの大先輩だったのだ。

何度か打ち合わせを重ね、〝食〟の本の品揃えを見直す作業に着手する。

家庭料理のノウハウ本は、女性の社員に内容を点検してもらい選びなおして再投入。西洋料理や日本料理の専門家向けの本も強化。手薄だった中華料理、フランス料理、イタリア料理、食堂経営のノウハウ本なども大量発注した。

それに加えて、大河内の著作や『食 食 食』誌の中で取り上げられた、小説をはじめとする食に関する本をもっと幅広く入れていこうと考えた。

『食 食 食』のバックナンバーに目を通して、小説やエッセーをピックアップ。さらに大河内家の書斎、書庫にまで侵入させてもらって作品を漁る。

数か月かけて発注リストが完成。結局、小説・エッセーの他に、コミック、雑誌のバックナンバー、写真集なども入れ込むことにした。

発注した商品が入荷し、それを台車に積み、棚詰めを始めてびっくりした。二段ぐらい本を棚に入れた段階で私の後ろからドンドン手が出てきて、バリバリ売れていくのだ。

当時西武百貨店全体が、いつも新しいことを模索しているということで、色々と注目を集めているのは自覚していたが、本が並べるそばから売れていくという現象に遭遇できるとは思っていなかった。たいへんうれしく貴重な体験で、その光景を今でもたまに思い出す。

棚の強化に合わせて、ブックフェア「大河内昭爾　食の世界」も開催。大河内の初サイン会も企画した。

サイン会を彼は非常に不安がっていたが、やってみれば大盛況。行列には吉村・津村夫妻はもちろん、出版社の社長、著名文学誌の編集長・編集者、同人誌の発行人や投稿者がたくさん並んでくれ、ハイソな雰囲気の中、無事終了。以降、新刊が出るたびにサイン会をしていただいた。

大河内は平成二五年（二〇一三年）八月に亡くなるが、その蔵書は奥様の意向もあって武蔵野大学に寄贈。食や日本文学に関する膨大で貴重な資料は今、武蔵野大学の大河内コーナーに置かれ、学生に貸し出されている。

食に関するブックフェアに絡んできてくれたのが林家木久扇（当時・木久蔵）である。今は幻となってしまった〝全国ラーメン党〟の会長をやっていた彼とはマネージャーを通じて知り合い、その機関紙『ラーメン党新聞』を売場に置いていた関係で親しくしてもらっていた。

木久扇はラーメンに関する本を何冊か出していたので、彼とラーメン党の事務局に選書を頼んで、ラーメン本フェアをはじめ、サイン会もやろうとしたのだが、忙しくてなかなか日時が決められない。また、新刊の発売日も確定しない。

と、突然木久扇が出版社の担当に本を持たせて来店し、「菊池さん、今時間できたからサイン会やろう」ときたのだ。後に、永六輔が『大往生』（岩波新書）を出したときに全国の書店を適当に回って、ゲリラサイン会をやり有名になったが、最初にやったのは木久扇で間違いなかろう。

告知など何もしていないので、慌てて店内放送を池袋西武の放送室にお願いし、始めてみたが、三、四人のお客様が興味を示したらあとは数珠繋ぎ。さすが、さすが、池袋でも人気者であった。

木久扇は、『笑点』ではバカをウリにしているが、実は勉強家でたいへん頭のいい人である。リブロの上顧客で、池袋本店がなくなるまで文学全集や推理小説全集をたくさん買ってくれていた。今もたまに連絡をとってくれるありがたい存在である。

彼は、日中国交回復のとき、時の総理大臣田中角栄に、ラーメン大使として同行を求められ、角栄および九州のラーメン店「味千」と共に中国を訪れている。今や「味千」が、中国最大級のラーメンチェーンになっているのは多くの人が知るところである。

もう一つ忘れられないのは、ラーメン党の副会長を頼んでいた横山やすし。彼とは何度かラーメン党の会議で遭遇したが、いつも酔っ払っての参加であった。

横山は飛行機の免許を持っていて、自家用機を操縦して東京に来る。「大丈夫なんですか」とスタッフが尋ねると、「大丈夫や、飛行機やったら警察も捕まえられへんで〜。パトカー色の飛行機なんて見たことないやろ」と言っていたのを思い出す。彼がいるとまともに議事が進んだことがなかったが、根っからの芸人、いるだけで場が明るくなるのは、さすがだなと思った。

吉村昭と津村節子夫妻の娘が私の部下だった、と書いたが、当時の西武百貨店にはユニークな人が色々なところにいた。

私が入社した頃、書籍部に水上勉の姪、洋美術書ショップ「アール・ヴィヴァン」に永江朗がいたし、コミュニティカレッジ（池袋西武のカルチャーセンター）には、今は芥川賞をとって大家となった保坂和志が入社し、「菊池さん、何かいいネタないですか」などと言ってきたりしていた。車谷長吉もほんの一瞬書籍部にいて、リブロポートに移ったと思う（とても接客ができる人ではなかった・笑）。また藤沢周平の娘も入社してきた。

堤清二の息子は角川春樹のもとで修業をしていて、売り出し中の薬師丸ひろ子のマネージャーとして西武屋上でのミニコンサートに顔を見せていた。

堤も週に一、二回は書籍売場に来ていて、彼の知人もたくさん来店していたと思う。共産党運動の先輩だった安東仁兵衛は、堤を見かけると「おーい、堤」と大きな声を出して呼び、私たちがびっくりするといったことも度々だった。

作家の佐多稲子、安部公房らも度々見かけた。佐多は堤のことを「横瀬君」と呼ぶので不思議に思っていたが、それは堤が共産党員のときに使っていた偽名であると後で知った。

堤は本を買うときはいつもゴムバンドで綴じた図書券の束をポケットから出して支払っていた。作家のイメージが強かったため、色々なところから図書券が贈られていたのだろう。

購入ジャンルは、文芸書、評論、思想、アート系が多かったが、彼は役員会などで自分の読んだ本の話をし、その内容を知らないメンバーがいると機嫌が悪くなるということだったので、何の本を買ったかはその日のうちに各役員に連絡することになっていた。堤は我々には声を荒らげたことはなかったが、近くにいる取締役たちにはかなり厳しかったと聞いている。

一方、毎日の新刊の中から、堤の目に触れさせたほうがいいだろうと思うものを抜き取って、秘書室宛に送ってもいた。

選定は主として、中村と私がおこなっていたが、ある日秘書から、「堤が今日発売予定の○○が入っていないと言っておりますが」と電話がかかってきた。

その本はセゾングループの悪口を書いていたので、中村と相談して入れなかったのだが、そんな説明を秘書にしていると、堤が電話に出て、「そんな気は遣わなくていい。売場でもウチを褒めている本の隣に並べなさい。判断するのは読者だから」と言った。これには結構感動。うれしい思い出である。

小川道明にも武勇伝がある。

『愛のコリーダ』事件のときだ。

これは大島渚が監督した同映画の猥褻性を問う裁判であり、警察は三一書房が出していた出版物を書店が扱わないよう要望していた。都内の大型書店はほとんど応じていたようだが、我々は扱っていた。どう見ても猥褻とは思えなかったからである。

そこを狙われた。

演劇ショップ「ワイズフール」に突然数名の警官がやってきて、「取り扱わないで欲しい。次回来るときは実力行使も辞さない」と言ってきた。このとき、小川がタイミングよく店にいて、「応じない！　ふざけるな！　令状持ってこい！」と追い返してしまったのだ。

普段温厚な小川しか見ていなかった私はびっくり。後日、大島側が勝訴し、三一書房の社長と一緒に礼を言いに来たのも忘れられない光景だ。学生運動の元闘士は強しである。

吉村昭、津村節子には新刊が出るたびサイン会をしていただいた。

吉村は、色々なところで書かれているが、本当に書くことが好きで、書斎にいるのが何よりの幸せという人だった。そして、夜までは好きな酒も口にしない。サイン会が終わって、「先生お茶でも」と誘ってもそのまま帰るのが常であった。

船橋でサイン会を開いたことがあったが、船橋から吉村の最寄り駅の吉祥寺まで各駅停車に乗ってしまい、吉祥寺に着いた頃には薄暗くなっていたのに、「じゃあ、また」とさっさと帰ってしまったことを覚えている。

津村は人付き合いがよく、サイン会のあとは作家仲間や趣味関係の友人、出版社の担当編集者たちとおしゃべりをし、そのまま飲みに行くことも多かったように記憶している。

夫妻の娘千夏には色々感心させられた。大作家夫婦の娘であるにもかかわらず、謙虚で清潔で質素。しかも給料の一部を家に入れていた。吉村夫妻は、「別に普通に育てただけ。特別を許さなかっただけ」と言っていたが、そういう躾をする有名人は少ない。より親しみを感じ、いまだに家族ぐるみでお付き合いをさせていただいている。

私の異動のたびに家族で宴を設けて下さり、これも感謝・感謝。また、このときの職場仲間の花見会も三〇年を超えて続いている。本当にありがたいことである。

思い出に残るブックフェア

ブックフェアは、一九七〇年代、吉祥寺の弘栄堂と西武ブックセンター（リブロ池袋本店）が走りと言われているが、たしかに色々フェアをやったものだ。

売場のイベントスペースを使ってのフェアは、大きく分けて物販型と提案型の二つ。

物販型は文字通り売上最優先。例えば村上春樹の新刊発売に合わせて過去の著作もドーンと集めて売上増を狙うといったものである。これは、売れ筋や作家がわかってくれば割と簡単に組み立てられる。

提案型は、テーマやコンセプトを決め、キーワード、キーパーソンを設定してそれに関連した本を探し、全体を作り上げるというものだ。こちらは、自身も勉強する必要があるし、人脈を広げる努力も欠かせない。

当時は、ネットもなかったので、すべて自分で本を買って調べたり、図書館に行ったり、関係者を訪ねて取材をしたりと、たいへんな苦労が伴った。しかし、完成させて披露したときの達成感を一度味わうと、みな、「よしまたやってやろう」と思い、次にチャレンジしていくのが常であった。

自分の休みをつぶして歩き回ることも少しも苦にならなくなるのである。

扱うものが本や文化的な題材なだけに、自己啓発と労働との境目がわからなくなってくるが、本屋に勤めたらそれくらいの気合で働く時期があってもよいと今も思っている。

中村文孝は、気になる作家や著者に直接アプローチし、会って会話をする中からテーマやキーワードを探していくという、当時としては大胆なやり方が多かった。

梅棹忠夫との面談には私も立ち会わせてもらったが、「人類学」の定義について梅棹もまだ悩んでいたところがあったようで、話が非常に広範囲にわたり、最後は彼の宿泊先のホテルのバーで語り合うほど熱の入ったものであった。

中村は呻吟の末、それまでの「歴史」「民俗」といったくくりとは違う「梅棹学」のフェアをまとめあげた。これを学会や読者が評価してくださり、以降「人類学」という単語が広まっていったような気がする。

また、他の書店でも梅棹コーナーを設けたり、版元も「○○人類学」といったタイトルの書籍を競って出し始めたと思う。

渡部昇一や立花隆、山崎正和は当時はまだ売り出し途上だったため、中村は「ジャンルじゃなく本人をキーにしたほうが面白い」として、それぞれに本を選んでもらい「渡部昇一の選んだ本」「立花隆の一〇〇選」といったタイトルをつけてフェア展開をした後、プロパー棚に彼らの著作を落とし込んでいった。

これによって、動きが遅く地味なジャンルである人文の中の「歴史」や「社会・ルポルタージュ」の棚が、明るく動きのあるものに変化していく。このジャンルのイメージを大きく変えることに貢献したのは間違いない。

渡部昇一はこの時代、『知的生活の方法』(講談社現代新書)を大ヒットさせて、評論家・大学教授としての大きな一歩を踏み出しているし、立花隆は『中核VS革マル』(講談社)で頭角を現し、『田中角栄研究』『日本共産党の研究』(いずれも講談社)、『アメリカ性革命報告』(文藝春秋)と大躍進をしていく。

山崎正和は、元々演劇系の人であるが、『劇的なる日本人』(新潮社)で日本文化論を著し、

『不機嫌の時代』（新潮社）は近代文学者を取り上げて大ヒット。文明評論も書ける学者として伸びてきたところだった。そして、代表作と言える『柔らかい個人主義の誕生』（中央公論社）は、ブックフェアの直後に発売され、これもビッグヒットとなる。

この三人をピックアップした中村の慧眼。見事だったなと今でも思う。

私も何人か個人を取り上げたフェアをおこなったが、荒俣宏は印象に残る一人である。荒俣は、幻想文学や怪奇小説を好み、民俗学や神秘学にも詳しい博物学者、などと言われることが多いが、私は「荒俣学」の開祖だと思っている。その荒俣の最初の小説が『帝都物語』（角川書店）だった。

『帝都物語』は、明治末期、渋沢栄一が帝都東京を霊的パワーをもって守ろうとするところから始まり、平将門の霊力を使って帝都を破壊しようとする怪異な軍人加藤保憲と戦う人々を描く大スペクタクルである。

加藤と戦うため、小説上の架空の人物の他に、渋沢栄一をはじめ、幸田露伴、寺田寅彦、北一輝、大谷光瑞ら、実在の人物も登場。

荒俣が得意な風水や陰陽道、神秘学の知識や用語を駆使した、非常に特異で珍しい小説であった。

当時の角川書店の社長は角川春樹。角川映画全盛の時代である。

当然『帝都物語』も映画化され、秀逸な特撮、そしてセットにも思い切り金をつぎ込んで注目を浴びていた。映画館のイスが振動する仕組みが取り入れられたのも、この映画がきっかけだったと思う。

出演者は、主役の加藤に、怪人嶋田久作。脇を平幹二朗、勝新太郎、島田正吾といった豪華俳優陣で固めて度肝を抜き、最終的には一〇億円以上の配収を上げるのである。

私も発売当初からこの作品を読み続け、魅せられていた一人であったから、映画化に合わせてフェアをやりたいと思っていた。

角川書店にアポを取って出かけると、春樹社長が待っていてくれて「資料は何でも提供するよ」ということであった。パネルやポスター、チラシ類を目一杯いただいてフェアスペースを飾った。

おそらくこういった装飾物をふんだんに使ったブックフェアは、初めてだったのではないだろうか。

フェアでの私の狙いは、『帝都物語』のすばらしさをアピールすることももちろんだが、「荒俣学」を見せることだったので、その頃の代表作『パラノイア創造史』（筑摩書房）を中心に荒俣の世界を展開しようとした。

しかし、それらしい本はまだあまり出版されておらず、不完全燃焼に終わってしまったな、力不足だったなと感じさせられることになるのだが、後の荒俣の活躍を見るとやっておいてよかったなと思う。これもいい経験であった。

極真空手の開祖大山倍達《ますたつ》も思い出深い。

格闘技関係の雑誌が続々と創刊され、大山を描いたコミック『空手バカ一代』も注目されていた頃だったので、「格闘技のフェアをやりたいね」とスポーツ書担当と常々話していたのだが、フルコンタクトで相手を倒したり、気絶させたり、ときには牛を殺したりするスポーツを百貨店の中の書籍売場が取り上げていいものだろうか、と逡巡していた。

そこを後押ししてくれたのが、百貨店の同期の友人だった。

「お前たちは気取ったイベントばっかりやりやがって。本って小難しいものばかりじゃないだろう。純粋に面白い、楽しい、感動できるものの提供って必要なんじゃないの」

そしてさらに続けた。

「俺の友達、極真にはまってるんだ。極真空手の本部って池袋にあるらしいぜ」

何という偶然だろう。「やるしかないな」とスポーツ書担当と目を合わせた。

まずは部内への根回しである。小川が「ノー」と言ったら終わり。幸い、山西がプロレス好きで、「面白いな。たまには毛色の変わったフェアもやるべきだよな。小川さんも了解すると思うぜ」と言ってくれた。

その夜、小川と飲みに行ったらしい。

翌朝、「オーケーだったぞ。ただし、百貨店の了解を取っておけとさ」

「すんなりいったんですか？」と聞くと、

「格闘技はカウンターカルチャーだと言ったら一発だったよ。学生運動崩れはカウンターカルチャーに弱いからな。あんまり頭使わなかったよ」とのことだった。

ありがたかったが、「百貨店の了解を取っておけ」が次の関門だなと思った。ところがところが、これも一発で解決だった。

「失礼のないようにやってくれ。ただし他のお客様から苦情が来たら君が責任取れよ」の一言付きだったけれど……。

極真会館が百貨店外商部の上顧客だったのである。

極真と親しい出版社に紹介してもらい、極真本部へ挨拶に向かった。コンクリートビルの入り口を入るとがらんとした感じだったが、すぐ道着を着た若者が「押忍」「押忍」「押忍」と湧くように出てくる。要塞のようだなと思った。

事務局長だという、ひときわ大きい男に挨拶と自己紹介をし、ブックフェアを開催したいこと、できれば大山総裁のサイン会もお願いしたい旨を伝えると、「大山が判断します」とのこと。長居できる雰囲気ではなかったので、「よろしくお願いします」と言って帰ることにした。

数日後、了承の返事が来た。

粛々と準備を進め、サイン会当日の朝。開店前に、百貨店の警備員から「特攻服を着たごつい男たちがたくさん並んでいる。書籍売場に行くと言っている」という連絡が入った。慌てて入り口へ駆けつけてみると、サイン会に来たのだと言う。見てくれはキツイが、話せばおとなしい若者たちだった。昼過ぎからのサイン会なのに開店前から並ぶ、アイドル並みである。

大山は時間ギリギリに会場入り。私もそれが初対面で、「よろしくお願いします」と握手をさせてもらったが、右手の甲全体が山のようになっていて握りきれないほど。まさしくゴッドハンドだと感じた。

大山は、「たくさん集まってくれてありがとう。空手をこのような栄えある場に出していただいた西武さんに感謝します」と言ってくれ、サイン会開始。書籍売場は朝の集団の他に、坊主刈りで戦闘服や道着の若者も加わり、異様な光景となった。

開始後すぐ異変が起きる。

大山にサインをもらい、握手をしてもらった大男たちが次々と号泣するのである。

集まってくれた（おそらく）空手を愛する者たちも、握手をしてもらったことはもちろんだが、大山に光が当たったのが余程うれしかったのであろう。大山はニコニコしていたが、心の中では涙を流してくれていたのではないかと思っている。

この後、これを機にこういったイベントも積極的におこなわれるようになっていく。

大山倍達は私にとって忘れられない人物となった。

サイン会で絶対忘れられないのが、開高健である。

私は結構彼の本を読んでいて、『フィッシュ・オン』（朝日新聞社）や『オーパ！』（集英社）で海外の豪快な釣りに憧れていたし、『輝ける闇』（新潮社）ではベトナム戦争のすさまじさを教えてもらっていた。

また、酒や食に関するエッセーからは、開高流の味の表現文に衝撃を受け、感嘆。今は当たり前に使われるようになった「まったり」といった単語に初めてふれたのも彼の作品だったと記憶している。

文豪谷崎潤一郎に『美食倶楽部』という作品があり、この中で味覚は官能的に表現され読者を恍惚とさせるが、開高は谷崎に勝るとも劣らないなと思っていた。後に雁屋哲が『美味しんぼ』（小学館）を大作に育て上げるが、開高の表現を参考にしているのは間違いのないところだろう。

そんな開高のサイン会を私自身も楽しみにしていて、サインをする彼の脇に立っていたのだが、三〇分ほどしたとき、まだお客様が並んでいるのに、「今日はちょっと失礼する」と小さな声で言って、エスカレーターを駆け下りていってしまったのだ。

会場騒然。

しかし、そのとき私の頭の中には「開高さんにおみやげを渡さなきゃ」しかなかった。会場への対応を同僚に頼み、事務所に駆け込むと「開高さんのおみやげを！」と一言叫び、袋を受け取って彼を追いかけた。

数階降りたところで何とか追いつき、「先生おみやげお持ち帰りください」と言って袋を渡して売場へ戻ったとき、「まてよ」と思った。

サイン会のおみやげはその頃、サントリーオールドに決まっていたのだが、開高はサントリーの広告局出身。庶務係長は当然気をきかせて、違うものにしたよなと願ったが……、オールドだった。

数日後、開高から手紙が来た。

「ウツ状態でどうしようもなかった。申し訳なかった」という主旨だったが、最後に「結構なおみやげまで頂戴し……」とあり、私は再び頭を抱えたのだった。

開高健とはそれきりになってしまったが、彼は池波正太郎と仲が良かったようで、池波から度々彼の話を聞いた。江戸っ子の池波は関西弁嫌いだろうな、と思っていたので意外だった。食いしん坊同士気が合ったらしい。

池波展のとき（一九八七年）は、「主人が来られないから」と、夫人で詩人の牧羊子が娘でエッセイストの開高道子を連れて並んでくれていたのだが……。開高は平成元年（一九八九年）食道ガンで五八歳で亡くなってしまう。池波もその翌年に亡くなり、私は呆然という感じであった。

そしてその後も開高家では不幸が続く。

平成六年（一九九四年）道子が突然死（家の近くで鉄道に……と言われている）。牧羊子は持病を抱えながら茅ヶ崎の開高の家を守っていたが、平成一二年（二〇〇〇年）、家の中で一人倒れて亡くなっているのが発見された。

何とも悲しい運命である。

茅ヶ崎の家は今、開高健記念館になっているが、なかなか運営が苦しいようだ。後継者がいなくなってしまっているので色々とたいへんなのだろうが、開高文学はもっと光が当たっていいよな、と最近特にそう思う。

百貨店の催事場を使った大掛かりなイベントを「池波正太郎展」以外にも数々実施した。定番の「古本祭り・古書市」は、開店と同時にコレクターや古本屋がエスカレーターを駆け上がってくるのが常（講談師の田辺一鶴も自宅で古本屋をやっていて、いつも初日に来ていた）。家庭外商の個人顧客の注文もたくさん入って、催事期間（たいてい一週間）の売上が一億円を超えることも珍しくなかった。

売上で印象に残っているのが、「篠山紀信・激写展」「山口百恵展」あたりだろうか。「篠山紀信・激写展」は売り出し中のアイドルの小写真集（小学館が激写文庫と名付けて出版していたと思う）が飛ぶように売れた。「山口百恵展」も彼女の写真集発売に合わせておこなわれたもので、たしか二八〇〇円の写真集があっという間に売り切れ、印刷所から一〇〇〇冊単位で追加を直納してもらったのを覚えている。

催事場の床荷重を考え、納品された本を梁と梁の間に分散して置くよう指示されたのも忘れられない。

辛い思い出は、「ベイ・シティ・ローラーズ展」。

ベイ・シティ・ローラーズは当時人気のイギリスのロックグループ。やはり、来日に合わせて企画されたと思うが、展示品の陳列に時間がかかり、我々の物販の準備は夜中から始まり、徹夜になった。

翌朝、開店を控えて催事場には中村と数人を残して、私たちはブックセンター本体の開店準備に戻ることになった。

開店の音楽が流れてすぐの事だった。

中村から内線電話が……。

「菊池、たいへんだ、すぐ来てくれ」のあと、電話の向こうではガラスの割れる音、若い女性の悲鳴……。

テンションのあがった女性ファンが一気に押し寄せ、会場になだれ込んだのだった。

急いで催事場に向かってみると、徹夜で準備したガラスケースは粉々。催事場の周りにはロープが張られ立入禁止になっていた。救急車で運ばれたお客様も何名かいたようだが、大きな怪我にならなかったのは不幸中の幸いだった。

しかし、このあと、西武百貨店のすごさを見せられることになる。

「物販スペースを急遽隣の駐車場ビルの中に造ってイベントを継続するから、もう一度準備してくれ」ときたのだ。こちらも商品はたくさん仕入れていたのでありがたいと言えばありがたいのだが……。

結局、疲れた体にムチ打って作業をし、翌日販売を再開した。今度はファンが並ぶ場所をしっかり確保し、再び騒動になることはなかった。

再開の朝、中村がスポーツ紙の一面を飾った。初日オープン時、押し寄せるファンに両手を広げ、何とか制止しようとする写真である。

「誰がこんなにタイムリーに写真を撮ったんだ」と中村も不思議がっていたが、笑うに笑えないニュースであった。

地方・小出版流通センターの立ち上がりに呼応しておこなった「東北の本フェア」も、話題となった催事である。

地方・小出版流通センターは、一般の取次ルートに乗らない本に光を当てようと、川上賢一が代表となって創業した会社で、山西や中村も応援をしていた関係で、このフェアが実現したのだった。

東北や九州、沖縄あたりにはいまだに地道に出版を続けている版元が多いが、その力作を全国の書店に置く道を切り拓いたのが地方・小出版流通センターであり、東北エリアで活動する出版社の本を集めて、初めて展示即売したのが我々西武ブックセンター（リブロ池袋本店）であった。

以来四〇年、取り扱う出版物は様々に変化したものの、地方・小出版流通センターはまだ頑張り続けている。池袋本店が閉店するとき、「返品で迷惑をかけるかもしれない」と川上に挨拶に行ったが、「頑張れ！　これまでも世話になったけど、また復活してくれればいい」の一言だった。

私は、それをリブロで実現する立場ではなくなってしまったが、いつかどこかで恩返しができればと思っている。さらに頑張って続いていって欲しい会社である。

「小泉文夫と世界の民族音楽展」は、力の要る催事だった。

小泉文夫は、昭和二年（一九二七年）生まれ。東京藝術大学で教鞭をとった、日本を代表する民族音楽学者である。その業績は広く認められていたものの、昭和五八年（一九八三年）早世してしまっていた。

巷ではインドを中心とした民族音楽が認知され広まり始めていた。

そこに目をつけ、「何としても小泉文夫を忘れて欲しくない」とアプローチしてきてくれたのが、アルク出版企画代表の秋山晃男だった。

秋山は大学卒業後、学研や青土社で音楽関係の書籍の編集に携わり、小泉の著作にも関わっていて民族音楽に詳しい。藝大に顔もきく。

秋山の事務所も協力してくれるということなので、どこまでできるかわからないが、とにかく動いてみることにした。私は民族音楽自体をよく知らない。秋山に付いて藝大や出版社に足を運んでみると、少しずつ理解できるようになり、「今やらなければいけないな」という気になった。

楽器も並べ、売れるなら売ってしまおうという話になってきたので、書籍売場だけでは対応できそうもない。そうなると催事場である。

ところが、百貨店の催事場担当で民族音楽を理解している人がいなかったのである。いくら説明してもわかってくれない。

救いの神がいた。堤清二である。

堤なら、小泉文夫のことを知っているはずだという噂を入手し、秋山に色々と手を回してもらって「堤了承」をゲット。開催が決定した。

そこから実施までがまたたいへんだった。

民族音楽・楽器を理解している人がほとんどいないため、展示物や楽器の説明文やキャプションはこちらで用意しなければならない。

ポスター類も、当時は堤の信頼篤いグラフィックデザイナー田中一光にお伺いを立てなければいけなかったのだが、すべてこちらに任された。秋山の事務所のスタッフが大活躍してくれたのがありがたかった。

本当に根気の要る、疲れる仕事が続いたが、開始してみるとほとんどと言っていいほどの音楽雑誌が取材に来てくれ、堤もいの一番に来場。

秋山はこのあと、堤の信頼を得てセゾングループの社史編纂を任され、堤が亡くなるまで側に置かれることになる。

思い出深い催事の一つとなった。

思い出に残るお客様

イベントもそうだが、お客様も色々であった。

毎朝一番でコミック売場のイケメンのバイト君を見にくる紫色の服の人。いつも接客にクレームをつけてくる百貨店幹部夫人。非常階段でお弁当広げるおばあちゃん。宗教書の棚近辺で勧誘をする新興宗教の人……。

中でも強烈に忘れがたい人が一人いる。

ある日、地図売場の女性社員が慌てて私のところに来た。畳一畳ほどの日本列島の立体地図（社会科の授業で使うようなもの）の注文を受けたのだが、そのお客様、小指の先がなかったと言うのだ。

「何かの事故にあった方かもしれないし、特に脅されたわけでもないんだろ。普通にやろうよ」とその場は言ったが、私も不安がゼロではなかった……。

注文品が完成しお客様に連絡して来店してもらった。明らかに常人と違う雰囲気の二人組だった。

立体地図は、基本的には学校の教材で、射出成形したプラスチックのパーツを貼り合わせたものである。二人は、山の部分を上から押して、

「ベコベコやないか。お前んとこはこんなもん売りおるんか」

「すみません。これは社会科の教材向けに作っておりますので、こういうものなんですよ」と説明しても、「買うときにそんな説明受けとらん。前金で一二万はろうとるんど。うちの社長に恥かかす気か」と……。

埒があかず品物を持って、私とマネージャーの二人でその社長宅に伺うことになった。

不動産会社のような看板が掛かった店のファサードの少し奥まった扉を開けて入ると、新

しい畳のにおいが香りたつ立派な家。長い廊下を歩いて一番奥の部屋へ。大きなテーブルのの上に立体地図を置き、ふと床の間を見ると白鞘の長ドスが飾られていた。しかもグリップ部分にはかなりの手垢。

社長が出てきて、

「うちの者もよく説明を聞かないで注文したようだが、これは私の知人が開く事務所への記念品なんだ。私らの商売がどんなものか、もう想像がついているだろう。これをこのまま持って行ったら、私が笑いものになるのはわかるよな。そちらも注文を受けたのだから何とかしてくれよ」

「そういう事情はご注文の前に言っていただかないと困ります。お預かりしたお金を持って参りましたので、これでご勘弁願います」とマネージャーが言い返してしまうと、あとは怒鳴られっぱなしだった。

たまらず私が、「ご事情はわかりましたのでもう少し努力をしてみます」と言うと、「一週間が限度だ。いいな、お前を信じたからな」と……。

そのまま地図を持って製造所に行き、スタッフと打ち合わせを始めると、技術リーダーが、「教材目的だけではもう売れないと思っていたところです。ギフト用に実用化できないかやってみましょう」と言ってくれた。

長い一週間が過ぎ……。

後に商品化されたので詳細はお話しできないが、ベコベコしないように裏側に発泡スチロールを充填し、貼り合わせ部分もわからないように修整したものが出来上がった。

社長に見せ、了承をもらって贈り先まで一緒に車に乗ってお届けに行く。その事務所は予想通り地上げ屋のようで、ごつい男が何人もたむろしていたが、みな笑顔で喜んでくれた。

私もなんだかうれしかった。

その後、「残金を支払うから、菊池一人でもう一度家に来い」と連絡が入る。

「残金はどうしようか」とマネージャーと悩んでいたところだったから、渡りに船なのだが、私一人で……。マネージャーは、「菊池は俺と違って信頼されているからな。まあ、行ってきてくれよ。命はとられまい。スカウトされたりしてな」などと笑っている。

覚悟を決めて行ってみると、再び〝白鞘の間〟に通され、床の間を背負って上座に座るように勧められた。社長が残金の入った封筒を持って現れ、「世話になった。よくやってくれた。一緒に昼飯食べていってくれ」と言う。断れるはずもない。

天ぷらを中心とした豪華な和食が出てきて、色々話をしてくれた。部下二名は、脇でもりそばを食べている。

「こいつらの聞き方も悪かったのかもしれないが、そちらも説明不足だった。でも君は親身になって、我々を普通の客と同じに扱ってくれた。正直言って、最初にブツを見たとき肝が縮み上がったよ。一週間でやれるもんだな、よくやってくれた。お前らも菊池さんを見習え！」から始まって、自分の今までの人生、任俠道、仕事（＝今はいかに合法的にやっているかなど）と幅広い話を聞かせてくれたが、最後家族の話になってしんみりとした。

四歳の坊やがいるのだが、一緒にプールに行ったことがない、と言う。背中の彫り物のせいである。

「都内の某大型プールに一度でいいから行きたいんだ、何とかならないかな、菊池さん」と頼まれたが、「できるかどうかわかりませんが……」とあいまいな返事をしてその場は辞去させてもらった。

戻って調べてみると、ある出版社の社長がそのプールのオーナーと仲がいいことを発見。

「父親は長袖のシャツを着用し、長ズボンもはくこと。菊池も一緒に入退場すること」を条件に許可をもらうことができた。

以来三〇数年、いまだに年賀状を頂戴しているが、坊やは東大を出て弁護士事務所を開業。社長と奥さんは、すべて清算して子供の事務所を手伝っている。

たまに、「世の中間違ってますなあ」などと連絡してくるが、まっすぐで正直な人である。

私は、「接客するときは、ありがとうという気持ちを忘れちゃダメだよ」と常々部下に言ってきたが、それはこの社長から学ばせてもらったと思っている。

もう一人。

私はあまり何とも思っていないのだけれど……。

マイケル・ジャクソンである。

それは突然だった。百貨店から「マイケルが○○日に来店するので、その日は一般のお客様は一八時で退店いただき、それ以降は彼のためだけに営業する。若い女性社員は、歓声を発する可能性があるので、やはり一八時までに帰ること」というお達しが……。

貸切は皇族で何回かあったかもしれないが、こんなやり方は初めてであった。

当日マイケルは、隣のレコード売場が彼の楽曲を大音量でかけていたのにそちらには見向きもせず、ペットのチンパンジーを連れて書籍売場にやってきて、私に尋ねた。

「日本の子供が写っている写真集が欲しい」

考えている時間はない。色々と探して何冊か見せてみたが、子供だけの写真集はなかったので、お買い上げはいただけなかった。

彼は特別表情を変えることもなく、他の売場へエスカレーターを使って移動していった。ただそれだけだが、周りの人間からはひどくうらやましがられた。たしかにマイケルと話をしたことがある人、そうはいないだろう。まあ、普通の人なんだけど……。

ライオンズセールも衝撃だった。

昭和五四年（一九七九年）西武ライオンズとしての初めてのシーズンが始まるが、当初は全く優勝など考えられないチームだった。

野村克也、山崎裕之、田淵幸一たちを他チームから獲得して、立花義家、東尾修、土井正博、大田卓司らそれまでいた選手とごちゃ混ぜにし、おじさん感丸出し。西武百貨店もそれほど一生懸命応援してはいなかったように思う。

ところが昭和五七年（一九八二年）監督が広岡に代わり、石毛が成長して、テリー↓田淵↓スティーブのクリーンナップが活性化し、ピッチャーは東尾、松沼兄弟、杉本、高橋と揃って、優勝しそうな感じになってしまう。

その頃は西武鉄道グループがやっていることにセゾングループが乗るということはまずなかったのだが、誰かが何かしたのであろう、「優勝しそうなのに応援しない手はないよね」ということになり、応援気運が盛り上がっていった。

結局この年、二四年ぶり、西武ライオンズとしては初めての日本一を達成し、ライオンズセールがスタートする。

最近の優勝セールは、それ用の商品が用意されているようだが、この初めてのときはそんなノウハウもなく、普段の商品を値引きして売ったから大混雑となった。

とにかく何でも売れてしまい、商品がないので裏からデッドストック商品を持ってくると、値札を替える間もなく次から次へと定価で売れてしまった売場もあったようだ。

書籍売場は、セールをするわけにはいかないが、ポケットティッシュを配ろうと色々な版元にも協力をしてもらってたくさん用意をしていたのだが、私がティッシュの袋を抱えて表に出たとたん、おば様たちに囲まれ、あっという間になくなってしまった。

ＢＧＭは松崎しげるがシャウトするライオンズの球団歌『地平を駈ける獅子を見た』。「おーおおライオンズ・ライオンズ・ライオンズ」である。これが営業時間中絶え間なく流れる。店を出るときは頭の中が松崎しげる。売上がガーンと伸びるのはうれしいが、この曲の繰り返しには多くの社員が参ったことだと思う（笑）。

第2章 リブロ動乱期

一九八五－二〇〇八

株式会社リブロ創立

昭和六〇年（一九八五年）株式会社リブロ創立。初代社長は小川道明。西武百貨店内一〇店舗を運営するところからスタートして、店名も西武ブックセンターからリブロへ変更され、我々も西武百貨店からリブロへ出向となった。

出向は二年の約束だったので、昭和六二年（一九八七年）、まずは旧百貨店籍の人間が、リブロに転籍するか百貨店に戻るか（つまり書籍以外の売場に移るか）、選択を迫られた。

私は正直言って悩んだ。

西武百貨店は絶頂期で学生の人気企業であり続けていたし、リブロには次から次へと自分より年上で経験豊富な中途採用者が入ってきて、なかなか昇級しない。百貨店の同期と比べると係長待遇になるのが一番遅い状態なのだから、悩むのも当然と言えば当然だったと思う。

そのとき背中を押してくれたのが、西武百貨店労働組合の書記長佐野豊。実は転籍と同時にリブロ労働組合を作ろうと、彼に指導をしてもらっていて、私はリブロ側の責任者だった。「お前が行かないと、新会社の士気が下がる。組合だって誰が面倒見るんだ。行ってダメだったら、お前一人ぐらい面倒見てやるよ」と強い一言。

結局、面倒を見てもらうことはなかったが（笑）、彼も私の人生の大きなターニングポイントに立ち会ってくれた人である。彼の言葉でリブロに転籍することに決めた。

実はこの頃、池波正太郎や吉村昭にも世間話をしながら相談していて、「書店は給料安いようだからどこか出版社紹介してやろうか」と言われていたのだが……。

それも運命なのであろう。人生色々である。

転籍した私は、昭和六三年（一九八八年）新店の川崎西武の中にできる、リブロ川崎店の店長を命じられる。

その頃の川崎は、ＪＲ川崎駅と京急川崎駅周辺を中心に街の大改造がおこなわれていた（ラゾーナ側はまだ手つかずで、東芝の工場のままだった）。

当時新店を出すときは、近くにホテルを確保し、夜間作業も辞さずに棚詰めをする、というやり方が普通だったが、近隣の開発が多くの場所で発生していたため、川崎名物ソープランド街を抜けたところにあるラブホテルしか押さえられなかった。

作業が終わった後、ソープに行こうとする人はさすがにいなかったが、どこかの部屋に集まってする酒盛りは、何とも奇妙な光景であった。


川崎西武のオープニング催事は「愛・差別・人権展」。これは差別反対のイベントで、全国の百貨店が持ち回りで開催しているものなのだが、たくさんの差別が存在する川崎でぜひともと頼まれたものであったらしい。

私は池袋でもこの催事を経験したことがあったので、リブロ籍でありながら事務局のメンバーに選ばれ、市内の関係者の間を歩いた。

そこで知り合い一番印象に残っているのが、在日の街桜本に西武と同時期にオープンした「ふれあい館」の館長裴重度《ペジュンド》である。

彼はたいへん頭の良い読書家で、リブロ川崎店のお得意様になってくれるのだが、在日の歴史、桜本の状況などを熱心に教えてくれた。私も被差別の方たちとは以前から交流があったので意気投合。その年の「ふれあい館」のクリスマスパーティに呼んでいただくことになった。

「ふれあい館」の一室は、在日一世のハルモニ（おばあさん）やオモニ（おかあさん）が作った韓国料理で一杯だった。キムチもチヂミも何もかも今まで食べた中で一番旨い。自家製のマッコリもしつこくなく、きれいに発泡していて「こんなにうまいものなのか」と驚いた。

ひとしきり座がなじんだところで、私は名刺を持ってハルモニたちにお礼と挨拶をして回った。一人のハルモニがこう言った。

「私は名刺を持っていません。子供の頃日本に来て、学校に行けなかったので自分の名前も書けませんでしたが、ここの識字学級で勉強させていただいて書けるようになりました」

私が手帳とペンを渡すと書いてくれたが、読める字ではなかった……。

「ありがとう」と言って、その場を離れトイレに入って泣いた。なかなか涙が止まってくれなかった。やはり日本人は悪いことをしたのだとあれほど強く感じたことはない。

在日イジメなんてとんでもない。彼らには帰るところがない、桜本しかないのだ。日本人がそうさせたのだ。その事実を忘れてはならないと思う。

リブロ川崎店のオープニングブックフェアは、「ハロー川崎」と題した川崎エリアの町や歴史を紹介するものと、「専門料理書特集」。近隣に料理店や飲み屋さんが多いので反応を見てみたいと思ったのだ。

チラシを作って、店を回った。

とあるスナック風の扉を開けたとき、「しまった」と思った。

カウンターの上の空間が細長い提灯で埋まっていた。明らかに危ない方の店である。後ずさって扉を閉めようとしたとき、「待ちなさい、あなたたち何しに来たの」の一言。高級そうなスーツをまとったママさんが立っていた。

逃げられる雰囲気ではない。

川崎西武の中にオープンする本屋であることを説明し、料理書のフェアをやるので飲食店にチラシを配っていると言うと、「せっかく来たんだから入りなさい。どんな本があるのか説明して」ときた。

話をしてみると、料理にも酒にもかなり詳しい人で、料理人の名前もワインの銘柄もたくさん出て話がはずんでしまう。「楽しみだわ。開店の日に行くから」と言ってくれたので、「お待ちしています」と退散しようとしたが、「一杯飲んでいきなさい」とビールが出てきた。「いくら取られるかわからないな」と思ったが腹を決めて飲んだ。カクテルの作り方を色々と教えてくれて再び話がはずむ。一時間ほど経ったとき、電話が入って「予約の人が来るからあんたたち帰りなさい」と言われ、外へ出るときにはなんだか名残惜しくなっていた。

結局ビールは三本ぐらい飲んだと思うが、お代は取られなかった……。それ以来その扉を二度と開けることはなかったが、ママさんはよく本を買いに来てくれるようになった。オープニングのときは、酒に関する本を三、四万円は買っていってくれたと記憶している。これも書店人生の中で忘れられない出来事である。

川崎市市民ミュージアムは、川崎西武と同じ年に武蔵小杉近くの等々力緑地にできた美術館&博物館である。開館当初から写真・漫画・ポスター・映像などの収集・展示に力を入れていて、その企画に合わせて我々もブックフェアを組むことにしていた。

思い出すのは「岡本かの子展」。

歌人で小説家の岡本かの子は漫画家岡本一平の妻であり、大阪万博のシンボル「太陽の塔」の設計者岡本太郎の母である。その生涯は波乱に満ちたもので、一平公認の愛人も同居する家庭生活は有名だが、かの子の実家が川崎市高津区にあったため、この展覧会も企画されたと記憶している。

その生涯を『かの子撩乱』(講談社文庫)という作品にしたのが、瀬戸内寂聴(執筆時:晴美)。市民ミュージアムでは岡本太郎とのトークショーが予定されていて、私はそれを見に行ったのだが、岡本はいつもの調子で、両手を広げて目を剝いているポーズをしているだけで全くしゃべらない。

ここからの寂聴のさばきが見事だった。岡本は話をする気がない。「わかったわ先生、私がお母様についてお話をして、ときどきそちらを見るから同意だったらそのポーズをしてちょうだい」と言って話を始めたのだ。

テレビなどで見たことがある方も多いと思うが、寂聴は話がうまい。難しい言葉を使わずに聞いている人をグングン瀬戸内ワールドに引き込んでいく。この日の話もメチャメチャ面白いものであったが、その合間合間に岡本のポーズが入る。最初から最後まで大盛り上がりだった。

寂聴は、吉村昭夫妻、大河内昭爾たちと若い頃から文学仲間であったので、何回もサイン会をしていただいているのだが、いつも話題になるのはこのときの話である。〝すごい人〟そのものだと思う。

後に吉村昭が亡くなって偲ぶ会が開かれたとき、それまで気丈に仕切っていた妻津村節子が、遅れて到着した寂聴の姿を見たとたん、駆け寄り抱きついて号泣したのも忘れられない。

川崎西武は楽しい店だった。

我々もまだ転籍したばかりで、西武百貨店籍の社員たちともたいへん仲が良かった。隣の売場は、めがね屋さんと紳士服売場。あっという間になじみになって、一緒に飲みに行く仲になった。

今だから言える話だが……。紳士服のオーダーメイドのコーナーには、見本があるのをご存じだろうか。当時の私の体形が大きからず小さからず、ちょうど技術者の方に気に入っていただいたようで、川崎西武のそれは私の体に合わせて作られていたのだ。

当然季節ごとに見本は入れ替わる。私は格安でそれを買わせていただいて着用していた。

川崎にいる間、私のスーツは高級感あふれるものであり続け、紳士服売場の友人たちにも相当うらやましがられたものだ（笑）。

川崎西武は西友を少し大きくしたくらいの店舗である。紳士服売場の次には、すぐ下の文具売場、さらに食品売場、婦人服売場……という感じで仲間の輪はドンドン大きくなっていく。

オープン当初は、競合といっても地元の百貨店さいか屋がある程度で、駅ビルも地下街もまだまだ未完成。売上は好調が続き、団結はますます強くなっていった。

結局私は川崎には五年いて、その後小手指店に転勤になる。

川崎西武は、やはり百貨店としては小さすぎたのであろう、その後の競争についていけず、平成一五年（二〇〇三年）閉店。今はヨドバシカメラになっている。

池袋のほうは、平成元年（一九八九年）西武美術館の移転に伴い、リブロも別館地下一階と地下二階に移動をする。

それまで一二階にあった美術館は、消火設備が百貨店の他のフロアと同じ仕様で、スプリンクラーから水が噴き出すタイプであったため、超一流の美術作品を呼べないという悩みがあったようだ。

別館の一階と二階は消火設備も整い、明治通り側から直接入れる造り。ヨーロッパの街角にさりげなく存在する美術館のようにしようという発想は、やはり堤清二のものであろう。名称もセゾン美術館に変わった。

企画の対象はますます尖ったもの＝主として前衛的な現代美術ものとなり、識者・学者からはたいへん評判がよかったが、一般市民に理解されたかどうかは疑問である。このあたりのさじ加減が難しいところだ。

美術館はバブル崩壊後の平成一一年（一九九九年）に閉館され、和田繁明の探してきた北欧の家具・雑貨館に変わったが、それもうまくいかず、現在は無印良品と西武ギャラリー（＝二〇〇坪ほどのミニ催事場）で落ち着いている。

リブロのこのときの移動をリードしたのも中村文孝である。私も手伝いたかったのだが、川崎がオープンしたばかりで、「そっちを一生懸命やれ」と小川に言われ参加できなかった。

売場のエントランスになる地下一階に専門書・文学・アートを置き、流行の兆しを見せていたアメリカンカルチャーをこれでもかと集めた「ＰＯＳＴ－」というコーナーを設ける。売上を稼いでくれるであろう雑誌・趣味書・参考書などは地下二階にしてしまう、逆転の発想である。恰好いい、ニヒルな本屋が出来上がっていった。

中村は、図面も自分で引いているし、什器のデザインもやっている。この什器は独創的で面白いもので、マスコミにもずいぶん取り上げられたが、後日転用ができず困ったのを覚えている（笑）。

いずれにしても、「美術館をしっかりしたものにする」という堤の発想による移動改装だったのは間違いのないところで、一緒に動いたリブロに対しては「堤の傘に守られていやがって」と反感を増幅させた百貨店幹部がいたことも事実であろう。

池袋は新装開店後も売上を順調に伸ばし、平成四年（一九九二年）には史上最高を記録する。

新学期の時期に応援に行ったことがあるが、辞書・参考書と大学生向けの教科書（専門書）用に五〇坪ほどの倉庫部屋を二、三箇所借り、一日中売場と行き来をして補充を繰り返しても間に合わないくらいであった。取次も出版社も毎日のように納品に訪れ、参考書売場はお客様の入場規制をしながらの運営をせざるを得なかった。

あの熱気、あの勢いは何だったのであろう。今は辞書はともかく、参考書を自店舗内で大量に備蓄する書店などないだろうし、大学生向けの教科書は「まったく」と言っていいほど売れなくなった……。

池袋の成功に加え新店の出店も順調で、リブロとしては順風に押される一方、子会社化されたリブロポート、トレヴィル、図書出版が足を引っ張り始めていた。

リブロポートは「良質の出版」などといまだに言われるが、「いいもの」の上にあぐらをかいた殿様経営であった。トレヴィルも同様。図書出版は、傾きかけたところを堤清二に頼んでリブロの子会社にしてもらっていた。

二代目社長市原穰

平成六年（一九九四年）小川道明が引退し、ファミリーマート専務の市原穰《みのる》が二代目社長に就任した。

リブロの親会社は、セゾングループの中で何回か入れ替わる。創業時は西武百貨店、翌年から四年間西友、その後また西武百貨店で四年、そしてファミリーマートへ。

このとき市原が社長になり、四年後西友が再び親会社。西友は翌年パルコにリブロ株を大幅譲渡、パルコは平成一五年（二〇〇三年）までセゾングループ最後の親会社となって、今の日本出版販売（日販）に至っている。

市原の就任については、堤が「小川さんでは利益が出せそうもないから」と言って交代させたという説もあるが、真相はわからない。ただ市原が声を大にして言ったのは「企業として独立できる、生き残れる会社にしよう」ということであった。いつまでも百貨店の一部門意識で赤字体質ではいけないということで、それは堤清二も望んでいたことだったのではないかと思う。

後日、堤にリブロ創立二五周年の報告に行ったとき「親会社が日販さんになってよかった。経営の舵取りさえ間違わなければ会社は続きそうですね。頑張ってください」と言われたのを思い出す。

その堤は、平成二五年（二〇一三年）一一月二五日、リブロ池袋本店が閉店させられることを知らずに亡くなってしまった。

市原は就任早々幹部を集めて合宿をおこない、経営というものに対する意識改革を訴えた。それは経営者としては至極当然の論理であり私は納得できたが、小川の「儲けることは考えなくていい」にこだわる職人肌の人間は次々と辞めていってしまった。

私は、小手指店店長を解かれて本部勤務となり、店舗開発担当を命じられる。ファミリーマートを一から作り上げた市原のマンツーマン指導が始まった。

市原との最初の仕事は、どういうわけかリブロポートの倉庫の点検だった。市原と一緒に倉庫に入ると、一冊何万円とする本がパレットに載って天井まで積まれていた。「いいものとは在庫がこんなにならないもののことを言うのじゃないのか」と静かに言われたのを強烈に覚えている。

リブロポートの編集会議や初版部数決定会議には堤も度々出席していて、彼のご機嫌を取るために刷部数を多めに申告してきた結果がそこにあったのだ。

市原がリブロポートの社長にも就任したあとは、出版計画書や利益目論見書をしっかり出させ、初版部数を抑えて地味な本も出し始めるのだが、過去の負の財産を一掃するまでには至らなかった。

平成九年（一九九七年）リブロポートはファミリーマートに引き取って（譲渡）もらい、図書出版を清算。トレヴィルもリブロから分離してもらうことになる。

しかしこのとき同時に、年間一億円以上の利益を上げていたファミリーマートへの雑誌の卸を手放すことを要求される（＝ファミリーマートが日販と直接取引すると宣告してきた）。ファミリーマートからのアメとムチである。

実はこれは市原が描いた絵図らしい。

雑誌の卸は、ファミリーマート初期の頃から慣習的に続いてきたやり方で、「一億円の利益とは、てら銭・あぶく銭的なものである。一部上場企業の優良会社であるファミリーマートは、いずれムダな経費として見直しを図るだろう。ならば今のうちに不良子会社を清算してもらって、まともな利益構造を作っておきたい」と考えたと思われる。

この頃辞めた人で市原のことを良く言う人は少ないが、私は真のリブロの礎を作ったのは彼だと思っている。堤やファミリーマートを説得して過去のしがらみや債務を払拭し、リブロを健全なスタートラインに戻すことができるのは、市原以外にいなかったに違いない。

市原の指導は厳しかった。とにかく、当初私は全くの素人。登記簿謄本閲覧申請の仕方もわからなかったし、抵当権欄の見方や、その内容の吟味もできないところからスタート。ファミリーマートの店舗開発担当と行動をともにし、何店舗か開店させてファミリーマート流を学んだ。

また、市原は時間があると私を社長車に同乗させ、不動産物件の見方を教えてくれたり業者を紹介してくれたりした。気持ちが乗ると夜の一〇時過ぎまで解放されないことも多く、クタクタになる毎日だったが、これらの経験も私の大きな財産になっている。

市原流の店舗開発は、まずファミリーマートと文教堂の模倣からスタートした。

当時はまだ旧大店法が残っていたこともあり、「五〇〇平米以内のロードサイド店をどんどん作って成功体験を重ねていくことが多店舗化につながり、脱西武百貨店にもつながる。セゾンにだけ頼っていたのでは未来がないぞ！」と市原は号令をかけ続けた。

文教堂はいち早くそれに着手し、成功店舗をいくつも抱えて株式上場を目指すところに来ていたので、ずいぶんと店舗見学にも行ったし、開発担当同士の情報交換会もしてもらった。

建築面積五〇〇平米だと売場面積はせいぜい一五〇坪であるが、当時は開店当初月商二〇

○○万円から三〇〇〇万円の実績が上がる店舗がほとんどだったそうであるから、市原の目にも「やはり儲かる商売のパターン」と映ったらしい。

店舗の外装デザインはノウハウがなかったので、ファミリーマートカラーを使わせてもらう。黄緑と青と白。ファミリーマートに間違えられないように、使用箇所を変えてデザインしたが、お世辞にも良いと言えるようなものには仕上がらなかった。

市原は品揃えについても口を出してきた。「同じ売場面積なら、品揃え、棚の中の本の並びまで一緒じゃなければチェーンオペレーションになっていかない」と言うのだ。これにはみな猛反対。頑固な彼を説得するのに少し時間がかかったが、いくつか出店をするうち、コンビニと違って書店にはオリジナル商品がほぼないこと、競合の品揃えを意識して一店一店工夫が必要なことを理解したようで、徐々に言わなくなっていく。

ロードサイド店は、開店当初はいいスタートを切れるのだが、好調店の近くにはすぐ競合が出てきて売上が伸びないというケースが続いた。レンタル付きの競合が出るとまず勝てない。

「TSUTAYAのFC（フランチャイズ）もやってみようか」と言う役員もいたが、「FCには絶対になるな。俺が言うんだから間違いない」と市原が強く主張し、出店のパターンを再検討することになっていく。

この頃出店したロードサイド店は、今は一つも残っていない。

市原社長の時代は、様々なことが起こった。

平成六年（一九九四年）市原の就任直前だったが、池袋本店で業界初の「バーゲンブックフェア」をおこなった。

これは覚えている方も多いと思うが、「そろそろやってみなければいけないだろうな」とみな考えているのに「再販破りだ」と言われるのが見えているので、誰も最初にやりたくなかったブックフェアである。

前社長小川の勇断であった。

予想通り、準備の段階から賛否両論の渦に巻き込まれた。この頃の店長は田口久美子。小川とともに「再販を守るためにおこなうイベントである。めちゃくちゃな安売りをさせないためのフェアである」と訴えたが、取材の申し込みは絶えず、開催初日は放送・新聞各社をはじめとするマスコミが押し寄せて、田口はもみくちゃになった。

結局、三六の出版社が参加し、一週間で五〇〇万円ほどを売り上げる。販売率は九〇パーセントに迫るものであった。

このフェアがきっかけとなり、B本制度などが整っていくのは皆さんご承知の通り。

小川は、消費税導入のときも「じたばたしないで（＝内税表示にするために出版各社は価格改定シールを貼らされたりしていた）外税にすりゃあいいんだよ。税率が変わったときまた一苦労だぜ」と持論を展開し、結局それは税率五パーセントに変わったとき「正しかった」と認定されるのだが、終生硬骨なチャレンジャーであったと言えよう。

その二年後、小川は肝臓ガンと闘った末六七歳で亡くなるが、会葬御礼の挨拶文は彼の自筆のものであった。「人生は長ければいいというものではない。自分は思う存分やりたいことをやったので悔いはない。未来のリブロを頼む……」いまだに心にしみる言葉である。

平成七年（一九九五年）は阪神淡路大震災の年である。リブロは、関西方面に何店か出店していたが、西武つかしん店の中の店がかなりの被害を受けた（日販の応援をもらって早期に復旧）程度で、従業員やその周辺の人たちは無事であった。前年に神戸ハーバーランド店をたたんでいたのは不幸中の幸いだった。

しかし、被災当日は連絡がつかず、とにかく関西事務所へ総務の担当者と組合の委員長に向かってもらおうと市原が決め、相当の金銭を持たせて「どんな手段を用いても現地までたどり着け」と送り出した。

二人はそれほど苦労せず、電車とタクシーを使って事務所入りできたが、見舞品に持っていったのがカップ麵。水と火がなくて食べられない人もいたという。経営的な打撃は微細であったが、色々と学ばせてもらった。

またこの年結構なトラブルも持ち上がっている。

セゾン美術館をオープンしたものの、やはり駐車場が足りないので地下二階のリブロの売場を返して欲しいと西武百貨店が言ってきたのだ。めちゃくちゃな話である。

「売場が半減するが、代わりの場所を提供してくれるのか」と問うと、「ない」と言う。これはもう、私が出る幕ではない。相談役になっていた小川と、社長の市原に堤のところへ行ってもらった。

どこでどういう話になったのかはわからないが、地下二階は返すが、事務館になっていた今の書籍館の地下一階から二階を使っていいことになる。リブロ池袋本店最後の姿の基礎がこのとき出来上がった。

池袋本店は、平成九年（一九九七年）ジュンク堂の出店に備えて、書籍館の三、四階への増床を許され、完成形となる。このときは特に百貨店から文句は言われなかったと記憶している。

このときも中村は、専門書を一番いい場所に置こうとしたが、「人の流れが絶対変わる。雑誌やコミックをいいところに持ってこい」という市原の一言でそうはならなかった。

雑誌は最終営業のときまでいい場所に置いたが、今考えると一番奥に置かなくてよかったなと思う。話題の提供は大切だが、稼ぐところはしっかり稼ぐという発想が社内に広まっていったときであった。

平成八年（一九九六年）、福岡岩田屋ジーサイド七階に五五〇坪、カフェ併設のリブロ福岡店がオープンする。

これは前述の通り、「ロードサイド店だけではどうもダメそうだ」と市原が気づいてくれたのが大きな要因である。市原は、セゾン以外の商業施設と交流を持つことを我々に命じ、ロードサイド案件はファミリーマートの情報に頼るという方針転換をしたのだ。

我々は片っ端からデベロッパーを当たるのだが、そう簡単に実績には結びつかない。後にこの頃のもがきは社として大きな財産となり、色々な商業施設へ進出できるようになるのだが、とにかくあせるだけの毎日が続いていた。

そこで市原が動いた。

九州エリアは、市原がファミリーマートの開発を手がけた場所で、その頃は地元の有力企業がエリアFCとなって開発を請け負ってくれていた。その一つアイ・ファミリーマートを運営していたのが岩田屋だったのである。

中牟田健一は平成元年（一九八九年）に父喜一郎から岩田屋の社長を命じられその座に就いていたが、父の時代の債務に悩まされ、天神の本館のすぐ近くに出店する新館、岩田屋ジーサイドに勝負をかけていた。

市原は、中牟田が天神で一番の書店を作りたがっていると聞き、「ぜひリブロに」と話を持っていったのだ。

話はとんとん拍子に進む。計画は池袋に次ぐ大きな案件である。中牟田の顔をつぶすわけにはいかない。

しかも、天神はすでに積文館、紀伊國屋、丸善、金文堂など、書店過剰状態だったので、リブロの出店が報じられると「天神書店戦争」と書き立てられ、全国から注目されることとなってしまっていた。

ここでも選ばれたのは中村である。

中牟田と市原が望んだのは、当時のアメリカのトップ書店バーンズ&ノーブルを超えるものであった。幸い、本好きの中牟田は基礎内装など、建築費のかなりの部分を負担してくれ、中村ものびのびと図面を描き、業者と熱のこもった議論を交わしながら店を作り上げていったと思う。

カフェ併設（自営）のすばらしい店が出来上がった。

オープニングフェアは、地元の出版社のアドバイスをもらって炭鉱の歴史を取り上げた。石炭を売場に積み上げトロッコまで借りてきて展示。マスコミの評判も良く、好調なスタートを切るのだが、中村はこの仕事をやりきって退職してしまう。

中村も根は凝り性の書店人なので、市原が着任して効率や利益というものを強く求めてきたときから反発心はあったと思う。しかし、当初中村を小川体制の元締めだと見ていたであろう市原も、この頃は彼を一番信頼していたはずである。「残ればいいのになあ」と感じたのは私だけではなかったと思う。書店的なセンスに加え、経営数値にも強い本当に頼りになる人だった。

福岡店は好評で、見学も相次ぎ、この後岩田屋の西新《にしじん》店、熊本店、久留米店へも出店をする。さらに、この評判は大分の老舗百貨店トキハにも伝わり、大分にも店舗網を広げていくことになる。

これを見ても、市原のリブロに対する貢献は大であったと言えよう。

九州へ

福岡店の開店応援後、私は店舗開発担当を経て関東地区のエリア長を拝命し、関東地区を飛び回っていたが、平成一一年（一九九九年）親会社がパルコになり、翌年パルコブックセンター（ＰＢＣ）がリブロに統合されることになる。

それまでに、西友籍社員の転籍は実施済み。西友は最初から売上も一緒に勘定に入れられていたし人事交流もあったのですんなりと済んでいたのだが……。

ＰＢＣは同じセゾングループとはいえ、それぞれ独自の路線を歩いていたので仕事のやり方が違い、最初はずいぶんギクシャクしてしまう。

棚の分類やイベントのやり方、各役職の決裁権など細かく話をしなければならないことがたくさんあり、商品部を合体し、ＰＢＣからもエリア長を出してもらった。

当初はエリア長会議と商品部会は合同でおこない、意見の交換を徹底的にやったが、ときには怒鳴り合うことも。

しかし、このときの議論はムダにならず、新しい形が自然と芽生えて、彼らもリブロの一員としてなじんでいくのである。池袋本店の最後を支えてくれたマネージャーの矢部も釣井もＰＢＣ出身である。

九州エリアは、福岡店完成後順調に出店を重ねていた。特に平成一一年（一九九九年）から一二年（二〇〇〇年）にかけては尋常でないペース。岩田屋の中だけでも三店舗、トキハ百貨店内に二店、またＰＢＣ統合に伴って大分パルコ店も加わっていた。

当時の九州エリアの責任者は真田良兒。一人で頑張っていたがおそらく限界を超えていたと思う。担当常務から呼び出され、「これからの九州には開発がわかる人間が必要だ。今はとにかく真田をサポートしてくれ。半年経てば何とか落ち着くと思う。それまではダブル部長でいく」と言われて、私の九州行きが決まった。

子供が高校・大学の真っ最中だったので、単身で行くことにした。初めての一人暮らしである。

引っ越し初日、事務所に挨拶した後、東京からの荷物を受け取るために、近くの公園を抜けて西鉄の駅に向かうと異様な臭いを感じた。「この公園は浮浪者が多いのかな」と思ったが、それは屋台のラーメン屋の臭いだった。「とんでもないところに来ちゃったな……」と思ったが、一週間もするとその臭いは、良い匂いに変わった。

九州二日目から、とてつもない日々が始まった。

私が着任する前年、熊本岩田屋とトキハの別府店にリブロの新店がオープン。私が行ったときは福岡西新の岩田屋内の店がオープン、久留米の岩田屋、大分のトキハわさだタウンではオープン目指して作業中という状態だった。

真田と相談して、私は開店応援もして少しはなじみのある福岡店を中心に既存店を守り、新店は真田がリードするという分担にしたが、回るわけがない。

私は早急に福岡エリアの既存店を二、三周して、各店の店長に課題を与えてしばらくの間運営を任せることにし、真田と合流して、前年の新店のメンテと、その年の新店の準備に注力することにした。

それでも、福岡、久留米、熊本、大分を頻繁に行き来しての仕事。車を運転しての移動になる。一番参ったのは、熊本で作業中に、わさだ店の什器搬入がうまくいかず呼び出されたときである。

熊本からだと高速を使うより阿蘇を越えたほうが早い。必死に阿蘇のやまなみハイウェイを走るが、少しスピード出し過ぎだなと思ってブレーキを踏むと、ツーッと後輪が横滑りして崖に向かっていったのだ。寸前で止まり、事なきを得たが「九州の道は凍らない」と思い込んでいたのを大いに反省した。

常務に言われた「半年経てば何とか落ち着く」は実現しなかったが、新店はみな好調で、ベテラン店長をつけてもらい、うまく回り始めていた。

特にわさだ店は、計画当初から開発担当として関わっていた案件だったので、その成功は私としても本当にうれしいものであった。

実は、トキハ百貨店から出店を打診され、最初現地を見たときは、出店していいのかどうか判断がつかない物件だったのだ。

大分の郊外、わさだ地区の一面田んぼの立地。計画地の前を幹線道路が走っているが、阿蘇まで店らしい店は一軒もない。一キロメートル内居住者は一〇〇〇人に満たない。店舗開発の参考書のどこにも載っていないケースである。

市原に「過去こんな商圏に出たことがありますか」と聞くと、「ない、わからない」と言う。

「今、トキハさんに付き合わないわけにはいきませんよね。ゴーでいいですね」には「お前の責任で決めろ」。

さらにここは大店法の共同届出者にもなって欲しいと言われていたので、書類を整え社長印をもらいに行くと「お前の名前で出しておけ」であった。

要は市原ほどのベテランでも自信が持てない案件だったのだ。

本部の出店会議の書類も私が書くのだが、仕方がないのでアメリカのバーンズ&ノーブル郊外型の資料を調べ、超広域マーケットを想定したものを作り上げ何とか通すことに成功する。

それでも「ダメだったら辞表なんだろうな」という気持ちはオープン当日まで頭の中から消えなかった……。

それだけに、初日から目標の三倍以上を売り上げ、わずか数年で初期投資を回収してしまう快挙には万々歳であった。

真田は予定通り半年後東京に帰り、私一人で九州を仕切ることになる。

まずは九州エリアの代表店舗である福岡店をパワーアップさせようと思った。開店から数年が経ち、品揃えを見直すなど何らかの策を打たねばならない時期である。ジュンク堂の出店が報じられ、天神書店戦争がますます激化することも見えていた。

九州には地元の出版社がたくさんあり、団結も強い。まずはその品揃えの強化を図った。さらに九州に関する、地理・歴史書をその周辺に置き、地元出身作家の著書も集合させた。また、九州が舞台になった小説・ミステリーもその隣に集めてみるが、何となくインパクトに欠ける。

そこで思いついたのはここでも〝食〟であった。特にラーメンに関する本は、はでやかなものがたくさん出ている。そしてよくよく見回してみるとリブロ福岡店は博多ラーメンの名店一風堂本店に一番近い本屋であることに気づいた。

一風堂の社長、河原成美《しげみ》に相談すると、「ぜひコーナーを設けましょう」と即答をもらう。スープ用の大きな寸胴鍋、ラーメンどんぶり、制服、はちまきまで何でも貸してくれるとのこと。そしてまた偶然、地元出版社の知り合いに何気なくその話をしたら、日曜大工が好きで、「そこまでやるなら、展示台も屋台風にしませんか。私が作って寄付しますよ」とのこと。とんとん拍子もいいところである。

どうせならのぼりも立てようということになり、そこには「一風堂本店に一番近い本屋です！」と書き入れることを許してもらった。

売上は好調。博多の有名人河原が協力したとあって、マスコミの取材も度々入ってくれ、待ち合わせ場所として認識されるほどに成長していく。九州人の地元愛と熱い心を感じさせてくれる楽しい仕事だった。

福岡店のもう一つの特徴はカフェである。市原の肝いりで手がけた初めての本格カフェであったが、オープン後四、五年が経ち頭打ちになっていた。カフェはカフェの担当に任せっきりで、店長やマネージャーは関わろうとしておらず、メニューも全く変わっていなかったのだから当たり前である。

喫茶店の経験者を採用し、私がカフェミーティングを主催することとして、担当マネージャーも決めた。

効果はすぐ現れた。カフェのスタッフも上司と話をし、季節ごとのメニューの入れ替え、ランチメニューの増加、接客方法などを相談したがっていたのだ。良い意見は取り上げメニューを増やす。コスト意識を持ってもらうため、材料の原価をすべてスタッフに開示する。売上はあっという間に三割増となった。

カフェスタッフの意識も向上し、彼女たちの提案で二、三か月に一回書籍のスタッフも入れた新メニューの試食会を開催するほどに進歩してくれる。こうなればしめたものである。書籍スタッフたちが常にカフェに関心を持つようになって一体感が増し、お互いの接客を評価し合うなどした結果、お客様から見た好感度も上がっていったと思う。

また、カフェでは講師を招いて朗読会やボイストレーニングをおこなっていたのだが、こちらも少々マンネリ気味。そこで、私は博多駅前の広場にいるストリートミュージシャンに目をつけた。

当時博多駅の博多口は今ほどきれいではないがそれなりの広さがあり、規制も厳しくなかったので、夕方になるとそういう若者が数多く集まっていた。

福岡店は百貨店の中にあるので、ＢＧＭや店内放送がいつもかかっている、どちらかと言うとウルサイ書店である。カフェでミニコンサートをやれば当然音は書籍売場にも漏れるが、ほっとできる音楽だったら受け入れられるのではないかと思ったのである。

絶叫系でなく、穏やかなフォークソング系の子たちに声をかけ、「岩田屋の上の本屋の中のカフェ」と言うと、ほぼ一〇〇パーセントがＯＫの返事。

「出演料は払わないけど、ＣＤや製作物は売っていい。手数料よこせとか言わない。入場料は取らずにワンドリンクオーダー」という条件でスタート。参加者は最初のうち友達や家族が多かったが、スタッフにも実際に聴いてもらって評判の良かったミュージシャンは定期開催とすると、一般のファンがついてくるようになる。

また、福岡店のすぐ近くには有名な〝親不孝通り〟があり、ここのライブハウスやクラブのスタッフにも噂を聞いて参加していた人がいたようで、そういうところへ出演するミュージシャンが出てきたり、ラジオの番組を持つ子も出るなど、予想以上に事態が発展していくのに驚かされた。

再び東京へ

平成一三年（二〇〇一年）、事件が起こる。

市原が勇退。彼と代わった社長から大阪難波の案件をやろうと思うと九州に連絡が入った。私は月に一、二回は東京に呼ばれて会議に参加していたのだが、「無印良品とのコラボ出店で競合よりいい場所にある好物件だから、東京に来るついでに見てきてくれ」とのこと。

現場に行ってみると、高島屋の裏。さらにどう見ても競合の裏で、人通りもイマイチである。そこに五〇〇坪超の店。関西エリアの責任者に話を聞いても、「地元の人間はまず行きませんなあ」

私としては完全に「ノー」であった。

東京に行き定例の会議終了後、「店舗開発会議で難波の件を検討するから、お前も出ろ」と言われ、出席して素直な感想を述べたが、開店に反対する意見を言う人は一人もいなかった。社長の強い思いがメンバーを圧倒していたのである。

その思いは良いほうに出なかった。結局難波店は開店後七か月で閉めることになる。

非常に残念な出来事であったが、大型店を閉めるときは開店するときよりもっと力が要るということを実感させてもらった。

また、リーダーシップの発揮の仕方、部下の意見の取り入れ方について自分であったらどうするか、深く考える良い機会になった。

もう一つ大きな変化が……。セゾングループの行き詰まりである。

堤清二の個人的な信用に頼って借金を重ねる拡大路線をとってきたセゾングループは、バブル崩壊の影響を受け、九〇年代初めから和田繁明が西武百貨店の社長に就任するなどして、改革・リストラを進めてきたが、西洋環境開発と東京シティファイナンスがどうにもならなくなっていたのだ。

売れる資産は売り、良品計画やファミリーマートといった優良株をどんどん手放し、グループの中心企業から支援をして何とかグループ内で解決しようとするのだが、銀行の理解は得られなかった。

堤は私財（一〇〇億円と言われている）を提供して、主要な職位を辞し表舞台から姿を消す。

セゾングループの求心力が急激に衰え、「効率の悪いもの」「堤清二的なもの」は排除していこうという動きが強まり、リブロはその両方に該当するのだろう、この頃から風当たりがさらに強くなっていく。

平成一四年（二〇〇二年）、もう一つの事件が起きる。債務超過に悩みながらも、何とか経営を維持してきた岩田屋が行き詰まり、伊勢丹が経営に乗り出すことになったのだ。

その改革は、経営陣刷新、多くの不動産を売却し、不採算店舗は閉め、本館も売却して移転するという大がかりなもので、リブロに影響がなければいいなと思っていたが、案の定「本館の催事場がなくなるのでリブロの場所を空けて欲しい」と言ってきたのだ。

これまた大事件である。

何とか売場を残してくれるよう交渉するが、話は平行線で良い方向には向かいそうもない。ただ、岩田屋には九州に進出させてもらったという恩義がある。催事場がなくなって困っているのも事実なので「仕方ない、一旦引かせてもらいますが、将来機会があればまた復活させてください」と撤退を決めた。

私は、福岡店の最後を見届けたいと思っていたが、翌年（二〇〇三年）三月、「こういう状況だから本部に戻って店舗開発を担当して欲しい」と東京に戻されることになった。

私が店舗開発担当に復帰してすぐ「船橋西武の中のリブロを返して欲しい」という申し入れが来る。それまでも、つくば・八尾・池袋などの一方的な契約条件変更を受け入れさせられていたのだが、「出て行ってくれ」と言われたのは初めてだった。

賃貸借契約に携わったことのある人ならおわかりだろうが、普通の賃貸借を交わしているテナントと解約しようとする場合には、それなりの仁義と誠意を尽くすのが普通である。ところがそんなものは全くなく、「上からの命令だから」の一点張り。「費用もリブロ負担でお願いします」と平気で言ってのける。

色々なデベロッパーのテナント担当と交渉をしてきたが、こんな担当者にはお目にかかったことがない。

「それならば我々はいやですとお答えするしかないですね」と返し、その後は平行線のまま日時が過ぎていく。

結局彼らが想定していた撤退日の一週間前に「費用負担については譲歩しますから」と言ってきた。我々も最悪の事態を考えて、撤退のシミュレーションをしてはいたが、一週間での作業は無理である。

「一週間では我々が必要とする資産と商品を撤去するだけで精一杯です」

「それでいいです。搬出の応援もします」

これで決着した。

西武百貨店の担当者も困りきっていたのだろうが、リブロとしても何とも目まぐるしい訳のわからない撤退であった。今考えれば、池袋の序章だったなと思うが……。

難波店の失敗と福岡店の撤退、セゾングループの混乱、船橋店の撤退は、やはりリブロにとってても大きな影響があり、リストラが始まって多くの仲間を失うことになる。セゾングループの最後の親会社パルコもついに我々の株式を日販に売却する。

二〇〇一年から二〇〇四年はリブロにとって本当に苦しい転換期となったのである。

本部へ戻った平成一五年（二〇〇三年）は、とにかく会社の中がバタバタしていて落ち着かないことこの上なかったが、開発担当常務の早見知範は「劣勢を挽回するには良い新店を開発するしかない」と物件探しの先頭に立ち、「前を向いて歩き出そう」と我々を励ましてくれていた。

一番有望に見えたのがｅｃｕｔｅ（エキュート）大宮である。

それは、ＪＲ東日本グループの東日本ステーションリテイリングという会社が開発しようとしていた、新しい「エキナカビジネス＝駅構内活性化」の第一号施設であった。

単純にテナントを入れる場所貸業でなく、店舗コンセプト・デザイン、品揃えや広報まで共に議論しながら作り上げようとするもので、「これはリブロがやらなくては」と思わせる商業集合体。私もプレゼンから参加した。

この東日本ステーションリテイリングの社員たちがすばらしかった。グループ内公募で試験を受けて異動してきた優秀な二〇代三〇代の人たちが、本当に良く流通を勉強していて、議論がとても楽しいのである。

彼らはリブロ池袋本店の品揃えやイベント展開を気に入ってくれていて、そのテイスト＋アルファをｅｃｕｔｅでどう作ろうとしているのかを問われた。ｅｃｕｔｅで予定されている書籍売場の面積は約五〇坪である。

我々も若いメンバーを入れ討議を重ねた。

天井を目一杯高くしてもらい、白い壁面にウェーブを入れた。照明もシャンデリア風にし、効率オンリーのエキナカキオスク書店にならないよう、女性を意識した品揃えもと、売り出し始めたリブロの新業態「ｍｉｏｍｉｏ」（ミオミオ＝女性向けセレクト雑貨専門店）の商品を投入することを決めた。

「新幹線の改札口直結だったらファミリー向け絵本も必需品ですね」とも提案。店作りコンセプトと商品計画ではほぼ合格をいただいたのだが、問題は賃料である。

我々もエキナカは初出店。賃料は半端じゃないと聞いてはいたが、「書店の常識的な賃料はこれくらいなんですけど……」と切り出すと、「その倍は払える施設だと我々は認識しています。ノーなら早めのご返事を」と返ってきた。

さあ、どうする。

坪当たり換算で、池袋の三倍売らないと払えない。でも絶対出店したい。

ここからは勉強に次ぐ勉強であった。経験したことがないのだから、想定する売上高をどうしたら達成できるのか、その方程式を考えなければ社内を通らない。考えるというよりいかにでっち上げるかに近い。答えを言うわけにはいかないが、呻吟の末、独自の売上想定法を考え出した。

この方法はアレンジを加え、今ではリブロの定番になっていると思うが、早見以外の役員は、このときみな疑心暗鬼。難波の失敗直後、リストラ中ということを考えれば当然だったのかもしれない。

結局早見が全責任を負うことでゴーサインが出るのだが、不安な顔をしていたのであろう我々に向かって「心配するな。心配を先行させるな。良いもの作ろう。その一心で行こう」と言ってくれた彼の姿を忘れることができない。

早見は平成一六年（二〇〇四年）社長に就任し、翌年一月ｅｃｕｔｅ大宮がオープンする。大成功であった。うれしかった。

そして今も池袋本店なき後、売上をリードする中心店舗であり続けてくれているのを誇りに思う。

ｅｃｕｔｅ大宮全体も好調なスタートを切り、今ではエキナカといえばｅｃｕｔｅと言われるまでに成長しているのは、誰もが認めるところであろう。この計画に参加したメンバーの奮闘については、大宮創設の先頭に立ち、後に社長に就任する鎌田由美子＋社員一同が『ｅｃｕｔｅ物語――私たちのエキナカプロジェクト』（かんき出版）にまとめてくれている。

またこの年はスーパーいなげやの子会社だった書店チェーン「よむよむ」を買収して、新しい仲間が増えるということも重なり、会社に明るい雰囲気が戻るうれしい年となった。「よむよむ」はレンタル併設の書店をいなげややドラッグストアと一緒にロードサイドに出店するという歴史を持っており、最初の顔合わせや部門ごとの情報交換のときから、非常に有意義な交流ができたと記憶している。リブロに初めてセゾン以外の血が入ったのである。

我々店舗開発部も合流した。過去ロードサイド案件では度々競合していただけに、どんな人間が担当しているのだろうと楽しみだったり、恐かったりといった気持ちでいたが、会ってみればいい人たちばかりであった。

「あの物件はいくらで落としたの?」とか、「あのデベロッパーの担当者は感じ悪かったねえ」とか、いきなりなじんでしまう。お互い物件評価フォーマットや、出店稟議に添える書類を出し合い、あっという間に新しい行動指針を決めることができた。

セゾングループの結束が固ければ、おそらく西友のライバル会社の子会社との融合はあり得なかったろう。

その後、全国的にレンタルのパワーが低下し、「よむよむ」店舗の運営は決して好調なものではなくなるが、彼らがリブロに活を入れてくれたのは間違いのないところである。

大宮の次に予定されているｅｃｕｔｅ品川にも出店したかった。

しかし、ここでも勉強をさせられる。

ｅｃｕｔｅの鎌田のもとに出店したい旨を伝えに行くと、「菊池さん、大宮のリブロはたしかにすばらしいと思うけど、品川は違うところを入れるつもり」とキッパリと断られた。色々と議論を交わしてきた仲だったので、彼女の目を見てすべて理解した。大宮とは違う絵を描いて結果を見たいのだ。

すごい人だと思った。

さらにびっくりしたのは、品川の概略が決まったときに私にその資料を見せ、意見を求めてきたのだ。もうそれだけで満足だった。

平成一七年（二〇〇五年）一〇月、ｅｃｕｔｅ品川オープン。二層のおしゃれなゾーンがオープンし、インド料理や和食、イタリアンなどの飲食店が特に話題になった。

品川には既存の駅中商業施設があり、そこはキオスクや立ち食いそば、居酒屋（私が川崎時代に使っていた親父サラリーマン向け店舗群である）が展開されていたので、余計おしゃれさ加減が目立ったのは間違いない。

ただ、あいにくとその中には書店もあり、ｅｃｕｔｅの書店よりいい位置にあったため、新規で入った書店は相当苦労したようだ。

品川に続いて立川でもｅｃｕｔｅが計画されていた。これは一応資料をもらいプレゼンにも参加して最終候補まで残していただいたが、大宮以上に強力な集客力を持った商業施設が多い上、地元のオリオン書房が目一杯頑張って多くの店舗を集中展開していたため、降りさせてもらった（結局ここもオリオン書房が出店。リブロは新業態のセレクト雑貨ショップ「ｍｉｏｍｉｏ」で後に出店することになる）。

平成一八年（二〇〇六年）日販出身の大野隆樹がリブロの社長に就任する。早見は副社長にと言われたらしいが、その地位に残ることを潔しとせず、退社して出身のパルコに帰ってしまった。

店舗開発や新規事業にも詳しく、法律にも強いアグレッシブな人で、西武百貨店との交渉でも常に矢面に立ってくれていたし、苦しい二〇〇一年から二〇〇四年を乗り越えられたのは早見の功績大であったので、ショックを受けた社員は多かったと思う。

早見の退社は私もつらかったが、そうも言っていられない。店舗開発や賃料交渉はすべて私の担当になった。

岩田屋の新しい経営陣を二か月に一度は訪ね、世間話や流通論を交わして、絆を保ち続けつつ、西武百貨店との交渉の場でも先頭に立たねばならなかった。

西武百貨店はこの年セブン＆アイグループ入りする。

ｅｃｕｔｅ日暮里と『戦艦武蔵ノート』独占重版

ｅｃｕｔｅ立川は平成一九年（二〇〇七年）一〇月オープン。

その次に現れたのが日暮里であった。それも突然に！

平成二〇年（二〇〇八年）一月三日、正月でさすがに家にいたら、鎌田から電話がかかってきた。

「ｅｃｕｔｅ日暮里は悠長に構えていたのだけれど、日暮里に乗り入れるモノレールの舎人線のオープンが三月三〇日に決まったの。それに合わせてｅｃｕｔｅも開業しろという命令を今受けて……。とにかく早急にプレゼンしてください。三月三〇日に間に合わせられますよね」

初めて聞いた話であったが、私は「やった！」と思った。

日暮里は吉村昭の故郷であるし、地元の地域コミュニティ誌『谷中 根津 千駄木』（略称：谷根千）は私が初期の池袋時代から他書店に先駆けて扱い、バックナンバーフェアも何回かおこなって好評を得ていたからだ。しかも、『谷根千』の代表の一人でエッセーも書いている森まゆみは、同じ大学出身で年齢も一緒。飲みに行く仲間だった。

「やりましょう！」と即答。

社長の大野の携帯に連絡を入れて事情を説明し、すべては私が責任を取るからやらせて欲しい旨を伝えると、「大宮より小さい（約三〇坪・大宮は五〇坪）んだよな。コンセプトや品揃えは任せるが、収支計画書はしっかり出してくれ。大宮ほど売上は行かないはずだから、開店後も売上が落ち着くまで君が店長兼務。動き始めてかまわないが、決裁は正月明けの取締役会」とのこと（実はこの後すぐ、大野が古巣の日販に対しても根回し＆戦ってくれていた。大感謝なのであった）。

建設担当にコスト計算を大至急して欲しいと電話し、ほぼ徹夜で出店計画書を書き上げた。ｅｃｕｔｅ日暮里の書店予定地は改札に隣接していたので、改札に近い一面をガラス張りにして店内が見えるようにし、アイキャッチとしてニューヨークのビジネスマンの出勤シーンを入れてみる。

もう一面の店舗裏側はｅｃｕｔｅと一緒に地元を歩き、地元マップを作って貼り出すことを提案。

品揃えの中心は言わずもがな、吉村昭と『谷根千』。社内もｅｃｕｔｅもノリノリになっていくが……。

問題は想定売上である。大宮を先にやっておいてよかったと感じた。社長の大野は大宮を体験していないので、大宮式方程式で想定売上を説明してもピンと来てくれない。店前通行量や乗降客数、商業施設全体の売上規模（見込み）などの大宮との比較を添えて「少なくとも大宮の半分以上は売れそうだ」と理解してもらった。

我々の提案はｅｃｕｔｅ内部でも一発ＯＫだったが、開店までとにかく時間がない。

一般的な品揃えは商品部に任せ、吉村昭と『谷根千』、そしてその周辺の下町感を漂わせる商品の発注は私が引き受けた。

『谷根千』の事務所・倉庫で商品を直に見て発注。『谷根千』はスタッフがオール女性ゆえ、梱包から納品まで手伝う。吉村家（この二年前に吉村昭は亡くなっていた）に挨拶をし、大河内昭爾に吉村の作品リストをチェックしてもらいながら発注をする。

浅草や上野、鶯谷といったところも近いので、キーワード・キーパーソンを探して本をリストアップする作業を開発の仕事と同時に進めた。

造作ができ、商品を搬入してみると、三〇坪は意外と狭かった。

ウリの吉村昭、『谷根千』、下町関連商品は入り口正面にばっちりセット。しかしその他の本が開店三日前になっても納まりきらない。

商品部のベテランたちが腰を上げてくれた。それぞれ担当ジャンルの売れ筋がほぼ頭に入っているから、あっという間に商品をより分けて、並べきれないものを倉庫にしまっていってくれる。脱帽であった。

この商品は返品に回ったのではと考える方もいるかもしれないが、開店数日でこれを使っても補充が追いつかない事態になり、倉庫を借り増しすることになる。これも驚きだった。

私は、社長との約束でしばらく店長を兼務しなければならない。店の営業時間は七時から二二時、朝の納品は五時着である。私の家から日暮里までは二時間近くかかるため、メンバーが慣れるまで日暮里駅近くのホテルに泊まり込みで対応することにした。

ウリのコーナーは初日から客溜まりができ、業界紙・誌や文芸系雑誌からの取材もたくさんしていただき、たいへん評判が良かったが、気になることがあった。

吉村昭の作品で、入荷してこないものが結構あったのである。

一番気になったのが『戦艦武蔵ノート』(文春文庫)。これは吉村が大作家としての足場を作った代表作『戦艦武蔵』(新潮文庫)の取材記録である。

『戦艦武蔵』はその頃も今も売れ続けているが、両作品とも永遠に残していかなければならないと私は思っている。文春文庫、新潮文庫と版元が違っていても、二つ並べて平積みをし、お客様に提示するべきだと。

それが、しばらく待っても入荷してこない。文藝春秋に電話すると「絶版ではないが、品切重版未定」と言う。

わかりにくい日本語だが、「いつまで待っていても入ってこないよ」ということである。いくら重要な作品であると説明しても「私の判断ではどうにもできない」の一点張り。

本屋魂に火がついた。

「わかった。重版の最低ロットを教えて欲しい。可能ならばリブロで全部買い切るから」と言っていた。

実際の冊数は文藝春秋の都合もあるだろうから明かせないが、きちんと取次を通し特別なマージンなども要求せずに相当数を買い切った。リブロ全店に協力を頼み、『戦艦武蔵』と併売をしてもらう。最後残ったものは、すべて日暮里に集合させ一年かからずに完売。

うれしかったが、完売するということは再び店頭に在庫がなくなるということだ。これを救ってくれたのが吉村の妻、芥川賞作家で吉村の著作権継承者である津村節子であった。『戦艦武蔵ノート』独占重版の話は津村にはあらかじめ連絡していたのだが、津村は親しい岩波書店の編集者に相談してくれていて、『戦艦武蔵ノート』はすぐに岩波現代文庫の一冊に加えられることになるのだった。

開店当初の日暮里店を書店コンサルタントの青田恵一がレポートしてくれた文章があるので紹介しておく。

郷愁を醸し出す　――リブロecute日暮里店

日暮里駅構内に店を構える、リブロのecute日暮里店は、コンビニよりちょっと大きめの書店である。つまり、どちらかといえば小型店だ。にもかかわらず同店は、目を引くミニフェアをふたつも決行していた。店頭最前線でぶつかる谷中・根津・千駄木フェアと、文庫棚の先頭に配された吉村昭フェアであり、連続的に地域性を強調するという、ねらいが明快な企画である。

谷中・根津・千駄木フェアは、表紙見せできる新刊台の左側半分を丸々使っており、最良の位置取りから考えて、攻撃的な設定といえる。表紙見せ、もしくは平積みされているのは、雑誌『谷中　根津　千駄木』（谷根千工房）のバックナンバーや、『不思議の町根津』（ちくま文庫）、『谷中スケッチブック』（同）、『彰義隊遺聞』（新潮文庫）といった森まゆみ作品、さらに、『男のリズム』（角川文庫）、『わが家の夕めし』（講談社）などの池波正太郎著作である。これらの一群が、駅を通る人々の目にも飛び込んでいく。この駅を利用するのは、おもに、当地に住む人、勤めている人、用事で来た人だろうが、直接関係ないお客さままでも、同フェアの醸し出す下町情緒には、どこか郷愁を誘われるにちがいない。

吉村昭フェアは、当地、日暮里生まれの小説家、吉村昭氏の作品を文庫中心に揃えたものである。『桜田門外ノ変』（新潮文庫）、『長英逃亡』（同）、『生麦事件』（同）などの歴史小説以外に、『史実を歩く』（文春新書）、『歴史を記録する』（河出書房新社）、『漂流記の魅力』（新潮新書）といった小説論、歴史論を重んじているのが特長。この棚が意外にもおもしろかった。それは、なぜかといえば、同じテーマの他の著者作品と比較し、読み比べを推奨しているからである。いわば「読み比べ棚」なのだ。

たとえば、幕末の医師である松本良順を扱った『暁の旅人』（講談社）は、司馬遼太郎著『胡蝶の夢』（新潮文庫）と、江戸時代にアリューシャン列島へ流された、大黒屋光太夫が主人公の小説『大黒屋光太夫』（同）では、井上靖著『おろしや国酔夢譚』（徳間文庫）とそれぞれ並列され、なおかつ、店主のアピール文まで掲示されている。おおっと驚き読んでみると、吉村昭氏が司馬遼太郎賞を拒否したいきさつから、フェアのねらいまで詳しく書いてあった。

これだけ書店が増えてくると、このような地域性の高い企画とか文章で訴える手法も、読者の心をつかむ大きな突破口になるのかもしれない。そう思わされるミニフェアであった。

吉村の故郷日暮里がある荒川区の区長西川太一郎は、吉村昭の大ファンで、吉村の生前から「記念館を作らせて欲しい」と何度も吉村家に連絡をしていたようだ。

吉村も池波正太郎と同様、江戸っ子で派手なこと、自慢じみたことは嫌いである。さらに彼は全国各地を取材する旅の途中に文学者の記念館も多く見ており、「死んで数年したら誰も来なくなるところも多い。そんなもの残したくない」と言っていた。荒川区内の図書館にすでに小さい「吉村昭コーナー」が出来ていて、「あれでじゅうぶん」であると。

私は「台東区立中央図書館の中にある、池波正太郎記念文庫が程よい大きさで上手くまとまっていますよ。ああいうのだったらいいじゃないですか」などと言っていたが、彼は自分の人気や作品を過小評価する傾向があり、「僕の小説なんて死んだら二、三年でみんな絶版だよ。記念館ばかり残っていてもねえ……」という返事であった。

建設場所候補もなかなか決まらず、西川の気持ちだけが空回りをしている感じであったが、吉村の死後、荒川区立中央図書館の新設が決まり、事態は一変した。

未亡人の津村節子は、吉村との思い出が詰まりすぎている家を建て替えたがっていたし、吉村の書斎とそこに残された本や資料の扱いにも悩んでいた。

一番の親友大河内昭爾の「そんなに派手なものでなければ、吉村も怒らないと思う」の一言が背中を押したのかもしれない、「新設の中央図書館の中で小さいものであれば」と津村が決断をし、大河内が準備プロジェクトの顧問を引き受けることになって諸々がスタートした。

大河内は途中で亡くなってしまうが、区の担当者が熱心に動いて特に大きな問題も発生せず、平成二九年（二〇一七年）春、荒川区の中央図書館「ゆいの森あらかわ」の中に吉村昭記念文学館も同時オープンする。図書館自体の仕上がりもすばらしく、多くの人々、図書館関係者、マスコミが押し寄せ、今も良い評判を維持し続けている。

吉村昭記念文学館には、吉村の書斎が再現され、吉村原作の映画も上映されている。池波の記念館と並んで下町の代表的な文学館になったと言っていいだろう。

吉村が亡くなって一〇年以上の月日が流れたが、吉村の想像に反してその作品はいまだに売れ続けている。天国で大河内と会い、笑いながら見守ってくれているような気がする。

一つ、すごい偶然と言うか運命なのだなと思うのは、吉村の熱心なファンである区長の西川が平成一六年（二〇〇四年）から区長四選を続けていることである。彼の読書やふるさと荒川、吉村昭に対する強烈な思い入れがなければ、そして途中で落選していたら「ゆいの森あらかわ」も吉村昭記念文学館も誕生していなかったかもしれない。運命と言うしかないではないか……。

第3章

池袋本店ラストステージ

二〇〇九 - 二〇一五

池袋に還る

日暮里は、スムーズに行っていると私は思っていたのだが、なかなか兼務を解除してもらえなかった。毎日朝から昼過ぎまで日暮里に行き、その後本部に戻ったり取引先を回って開発の仕事をやる。

愛する日暮里に行けるのはうれしかったが、体はしんどい。二〇〇六年セブン&アイグループ入りした西武百貨店との諸々の交渉もタフなものになってきていた。

結局オープンから半年後に「本部へ戻れ」ということになったが、戻る先は店舗開発部でなく商品部だった。

「日暮里で成功した商品手配をもっと手広くやってくれ」とのことだが、西武百貨店との交渉の場から私をなぜ外すのだろうと思った。

一方、池袋本店の改装の交渉が私の知らない間に始まっていた。「菊池は西武百貨店と闘い過ぎてきたから、顔を変える」……。「大丈夫か」と思ったが仕方がない。

しかし、どこでどういう話をしてきたものやら、最終の改装会議に出てきた資料は、すべて西武百貨店に都合のいい内容であった。

六年の定期建物賃貸借契約、莫大な改装経費負担、さらに賃料アップ、しかも最低保障売上付き。

私がそれまで闘ってきた条件とはかけ離れたものだ。

特に定期建物賃貸借契約は、六年の契約期間が終わるときに西武百貨店から「契約更新をしない」と言われたら、店をたたまなければならない契約である。投資金額もとても六年で取り戻せる額ではない。強い信頼関係がなければ普通は結ばないものである。

担当者は「この条件でないと改装できない。何年も改装をしていないのだからぜひ」と言うが、私が強く反対したため、もう一度審議ということでその場は閉会した。

しかし、次の会議で反対派は少数だった。推進派の「これまで西武百貨店に貢献してきたリブロ池袋本店を簡単に追い出すようなことはしないだろう」という論理を信じてしまっている人がほとんどであった。

もはやどうにもならない。とんでもない事態が動き始めてしまったのだ。


平成二一年（二〇〇九年）池袋本店新装オープン。

ところが思ったように売上が伸びない。

運命とは不思議なものである。翌年、私が池袋本店長を命じられる……。

何とも複雑な心境であったが、何とかしないわけにいかない。契約は気になるが、契約満期のときに「やはり書店はリブロじゃなければダメです」と池袋西武の店長やスタッフから応援してもらえる店にしようと腹を決めた。

幸いと言っていいのかどうか、池袋西武の店長と副店長は、私が百貨店籍時代から知っているすぐ上の先輩だった。

挨拶に行ってリブロの売上低迷をわび、リブロの営業に対する要望がないか聞いてみると、接客苦情が多くなってきている、イベントなど売場活性策も不足しているのではないか、とりあえずその辺から着手して欲しいとのこと。そして、「ショックだと思うから言っておくけど……」と本館の九階に書店が入る計画があることを教えてくれた。

「たいした坪数じゃないから影響ないと思うけど、これも神の声で……」ということであった。もう驚くのもバカバカしい。

いい店を作ることに専心しようと決めた。池袋西武の店長の要望は、私がやろうと思っていたことと一致する。

接客日本一宣言

まずは接客だと思った。

リブロは百貨店の中の店舗も多く、それまでも他の書店に比べたら接客レベルは高いほうであったが、あくまでも「比べたら……の話で、特別良かったわけではないよね」とマネージャーたちと見解も一致した。

さて、ではどうやって変えていこうか。

「過去の接客研修などを参考にして、自分たちで考えないか」と問いかけると、私が着任する半年ほど前に結構な費用を使って接客コンサルタントによる研修がおこなわれ、池袋本店メンバー全員が受講しているとのことだった。研修中はそこそこ笑顔が出ていたということなので、使用したテキストを見せてもらい、受講した人の話を聞いてみると、ただ「口角を上げるだけの訓練」が続いたり、「売場は舞台だ！」的な「やらねばならぬ」型研修だったということがわかった。実際の売場での指導やフォロー研修は実施されず、研修が終わった後は特に何もしていない。

「何となく中途半端に終わったままなので何かしなければと思ってました」

「外部の研修を受けても、その場だけで長続きしませんよね。まして口角を意識的に上げて作る笑顔なんて、人工的で血が通わないなと思ってました」

「どうせやるなら日本一を目指しませんか。宣言文も作ったほうが良くないですか」

前向きな意見がドンドン出て、庶務担当と私でたたき台を作ることにした。

接客を向上させようという動きはリブロに限らず、他でもやってはみるけれど長続きしない、ということが多いように見える。全員参加の意識をいかに持たせ続けられるかが勝負だと思った。

池袋本店の各フロアに接客リーダーを二人以上置き、たたき台作りに参加させた。

最初の課題はやはり、いかに自然な笑顔を作るかであった。

「我々は一人では生きていけない。お客様はもちろんだが、一緒に働く仲間、お取引先にも常に感謝の気持ちを持てなければいけないよね。そしたら、やさしい気分になれて自然に笑顔が出てくるんじゃないだろうか。〝ありがとう〟をいつも胸の中に意識して……」と池袋本店のメンバー全員と面談をして伝え、語り合った。

しかし、「なかなかすんなり笑顔が出てこないんですよね」と悩むメンバーも多い。

リーダーの一人が「人間誰でも思わず笑ってしまった、微笑んでしまったという経験があるはずですよね。そのシーンを思い出してもらう。それこそいつも胸の中にしまっておいてもらって、笑顔が欲しいときに思い出してもらうというのはいかがでしょう」

なるほど、採用である。

遠大な計画を作っても仕方ない。とにかく笑顔を出すトレーニングを開始した。まずはリーダー同士、次にフロアごとに全員順番に参加してもらって、「私は○○を思い出すと笑顔になっちゃいます」と宣言をして笑顔を作り、接客三大用語「いらっしゃいませ」「ありがとうございました」「またどうぞお越しくださいませ」を唱和する。リーダー任せにしないため、役職者も生徒として参加する。これを徹底しておこなった。

こういう実際の動きを見ながら少しずつ、庶務担当と接客トレーニング用のマニュアルを作っていった。

また、あるマネージャーの提案で「接客日本一宣言」が誕生し、その唱和も、研修のときのみでなく朝礼・終礼のとき、会議の前にも実施することになり、池袋本店～本部～全社へと広がっていく。うれしい連鎖が始まってくれたのだった。

「接客日本一宣言」とは、

一、わたしたちは最高の笑顔で売場に立ち、お客様をお迎えします。
一、わたしたちは常にありがとうの心を持って行動します。
一、わたしたちは周りの仲間に笑顔の輪を広げます。

である。

そして、あるリーダーから「これだけでは〝待ち〟になりそうだから、売場を歩くとき、お客様に〝いらっしゃいませ〟や〝こんにちは〟、ときには〝何かお探しでしょうか〟と呼びかけるようにしましょうよ」という提案をもらった。これまたその通りである。

特に役職者は偉そうに売場を歩いてしまうことが多いので、まずは役職者から範を示すということを徹底した。役職者がやれば、みなついてきてくれる。

さらに、各リーダーに一日数回売場全体を巡回し、笑顔ができている人、できていない人、声が出ている人、出ていない人をチェックしてもらってレポートを上げてもらうようにした。できていない人には特別研修、できている人には「今月のニコニコ賞」を設け、毎月数人に図書カードを進呈することに。

あっという間に売場の雰囲気が変わってくれた。

結果も早速現れた。

まずは私自身がお客様から感謝の手紙をいただき、デベロッパーから表彰された。私の後に何人ものメンバーが礼状をいただくことが続き、年末には部門として、池袋西武から「お客様へのサービス　ナンバーワン大賞」を、そして社としても「スタークラブ　ベストカンパニー賞」を授与された。

これらの賞は、それまでファッション部門が受賞するのが常であり、書店が受けるのは初めて。たいへんうれしいものであった。しかもこの年から連続で受賞する。

そのとき、当時の社長に宛てた私の報告文書を見つけたので、ここに載せておく。

三浦社長殿

○月一九日は「スタークラブ　ベストカンパニー賞」授賞式にお越しいただきましてありがとうございました。
「スタークラブ　ベストカンパニー賞」は、西武百貨店池袋本店の販売活動支援に多大な貢献をしたと認められる会社に授与されるもので、全取引先一二〇〇社の中から選ばれるたいへん名誉ある賞です。その歴史は二八年にも及びますが、ファッション系の大会社が表彰される事が多く、おそらく書店としては初めてであろうということです。

私どもが褒めて頂いている点は、

(1) クラブ・オンカード会員を他の売場と比べてダントツ（毎月一五〇〇件程度）に獲得し続けていること

(2) 接客について、何度もお客様からお褒めをいただき、他の売場の範となっていること

(3) リブロ売場内の、広場や公共導線を毎週金曜日朝の小集団活動で磨き続けていること

です。

これはやはり、リブロ池袋本店で働く一人一人の自覚と団結力の現れだと思います。朝礼などで皆に発表し称え合いました。良い部下に恵まれたいへんうれしく思っております。池袋本店一同、今回の受賞におごることなく今後も精進を続ける所存でございます。引き続きご指導の程、よろしくお願い申し上げます。

以上

何とも無邪気に喜んでいるものである。「ひょっとすると追い出されないかな」とも思っていた。

このことはもちろん私の自慢の一つであるが、メンバーの協力がなかったらできなかったこと。今でも感謝・感謝である。

池袋本店にはたくさんのメンバーがいて、学生を中心としたアルバイトは当然入れ替わっていく。

研修は常に継続していかねばならない。最後まで力を尽くしてくれたマネージャー、庶務担当、接客リーダー、彼らも私の宝物である。

接客指導を社外に発注するのが「悪」とは言わない。ノウハウが社内に全くない場合、最初は頼らざるを得ないだろう。しかし、社外研修実施後は、中堅女性社員を接客リーダーか何かに据えて任せきり、という会社が多いのではないだろうか。池袋本店もそれに近い状態だったが、真剣に苦労してみれば、自分たちなりのノウハウも見えてくる。自然に微笑める方法、和気あいあいと楽しくやれるロールプレイングメニュー、デイリーの短時間指導法、メンバー同士の笑顔チェック方法など、メンバーの提案を元に蓄積をして残したものはすべて貴重な財産になった。

そして、このやり方は正しかったと確信している。

棚不足対策

接客と同時に取り組んだのが、棚不足対策である。

棚不足とは、棚卸しをして確認した実際の在庫金額と、帳簿上の金額との差額のこと。要は、あるはずなのになくなっている本の合計金額のことである。この金額（＝棚不足高）と売上の比率（棚不足高÷売上高）を棚不足率といい、書店の場合は一パーセントを切ればマシなほうと言われている。

一パーセントというとピンと来ないかもしれないが、年商五〇億だとすると五〇〇〇万円。書店の平均経常利益率は一パーセントいかないのだから、いかに大きい金額かおわかりいただけるだろう。主たる原因は、万引きと内引きというのが定説。内引きは従業員がカバンに入れて持ち帰ってしまうケースが多いという。

社員を疑いたくないのはどこの会社の幹部も一緒だと思うが、池袋本店はあまりにも広い。就業時間もバラバラである。

「疑うのではなく、お互いに気持ちよく働くため、退社するときの私物検品を徹底しよう」

と訴え、これも接客指導と同様、ゾーンごとに実施することにした。

そして、にっくき万引きをどうするかである。

私服警備員を増員し、防犯カメラも増設した。一部幹部から「今までこれでやってきたのだから、そんなに経費を増やさなくても」という声もあったが、「削減目標を達成できれば、数年で回収できる金額だから」と説得。

社員たちは「いらっしゃいませ」を言いながら売場を回るくせがついていたから、死角になっている場所をそのコースに入れてもらうようにした。

地元の警察とも話を重ねた。我々はいわゆる「万引き保険」に入っているのだが、犯人を捕まえ、被害届を出し、警察にその受理番号をもらわないと保険申請できない。この受理番号をもらうまでに相当の手間と時間がかかるので面倒になり、保険申請をあきらめる書店も多いと聞くが、我々は徹底してこれを実行した。何度もやっているうちに、万引きのひどい実態を警察も理解してくれ、色々と協力的に手続きを進めてくれるようになった。

棚不足率は、百貨店の他の売場の基準値〇・五パーセントを下回るようになり、池袋西武のある幹部は訓示をたれるとき、「接客も棚不足もリブロを見習え」とまで言ってくれる。

そしてさらに、東京万引き防止官民共同会議（警察が事務局で各種小売組合・協会が参加）が万引き防止対策モデル店舗に選んでくれる。これは我々がたくさん万引きを捕まえたということだけでなく、明るい声を出した接客や巡回、コンシェルジュによる売場案内などが評価されたようだ。何人もの審査員が何度も来店して現場を見、討議を繰り返して選ぶもので、都内で四つの店舗にしか与えられない貴重な賞である。

そんなことが重なって、同業他社からも接客と棚不足削減についての講演まで頼まれるようになり、たいへんうれしい手応えを感じさせてもらった。

考えてみれば長い道のりである。

私が働き始めた頃は電卓ですら貴重品であり、棚卸しもすべて手作業。付け上げ作業（現品を数え記録する作業）は書籍部員だけでは頭数が足りず、百貨店本部や外商の社員の応援も借りて、数百人がかりでやったものだ。

百貨店時代の棚卸しは各売場一斉におこなっていたが、いつも書籍売場が最後、深夜に終わるのが常だった。応援に当たった人たちがいやそうな顔をして売場に入ってきていたのを思い出す。

しかも、棚不足成績はいつも最下位。

防犯カメラもなければ、単品データをコンピュータで管理するなどまるで考えられない時代から三〇年以上経って、やっとこの結果にたどり着くことができたわけである。

やはり、経常利益より棚不足高のほうが多いというのは異常ではないだろうか。そんなのはＣＤ屋と書店ぐらいであろう。売上を上げるのも大事だが、棚不足を減らす効果も大きいことを経営者は意識しなければいけないなと思っている。

そして、「良い接客は棚不足削減につながる」ということも……。


『ｅｎ－ｔａｘｉ』


ブックフェアも、まずは何かインパクトのあるものをやらねばと思っていた。

池袋本店の人文コーナーにはカルトグラフィアと名付けたコーナーがある。「カルトグラフィア」とは現代を知るための思想地図・指標といった意味で、既存のジャンル分類にとらわれることなく〝今〟を本で描こうとしていた。このコーナーを、マネージャーの辻山良雄（今は「Ｔｉｔｌｅ」という個性的な本屋を荻窪で運営している）がテコ入れしてくれたばかりだったので、そこも盛り上げたかった。人文系はリブロの伝統的ウリだ。

当時、気になっている文芸誌があった。『ｅｎ－ｔａｘｉ』である。

今も思っていることだが、「文芸誌はこのままでいいのか?」を問いたかった。「決まりきった作家が書く連載小説が載った分厚い冊子を若者が手に取るだろうか。新しい読者を増やそうという努力をしているのだろうか」「文芸書が業界をリードしているのは間違いない。作家にとっても、出版社、取次、書店にとっても文芸誌はこのままでいいのだろうか……」

『ｅｎ‐ｔａｘｉ』は、「超世代文芸クオリティマガジン」というふれこみで既存の文芸誌をぶっとばすべく平成一五年（二〇〇三年）に扶桑社から創刊された。初代編集長は扶桑社社員の壱岐真也。中綴じでほぼ季刊（笑）。

坪内祐三、福田和也、柳美里、リリー・フランキーの責任編集時代から柳美里が抜け、リリーが何となくメインから外れて二〇一〇年当時に至っていた。編集長は壱岐から田中陽子に交代していた。

それまでの主な特集を拾ってみると、「体・金・愛の謎解き」（二〇〇三年創刊号）＝上記四人の仲良しトーク、「２００３年秋　遥かなる京都の発熱」（二〇〇三年第三号）、「『七〇年代東映』蹂躙の光学」（二〇〇五年第一一号）、「昭和八十年　三島由紀夫の哄笑が聞こえる」（二〇〇六年第一二号）、「長塚圭史　映画に似た朝の夢／想像力／歴史の夜」（二〇〇七年第一九号）＝この特集に柳美里が反発＆退場、「『吉田拓郎』という魔術の実相」（二〇〇八年第二一号）、「江藤淳没後十年、『批評の明滅、批評家の命脈』」（二〇〇九年第二六号）、「酔いどれ聖者の祈り」（二〇一〇年第二八号）＝西村賢太登場！「Report of BOB DYLAN Japan Tour 2010」（二〇一〇年第二九号）と明らかに際立っている。

また、本誌から産み落とされた単行本も、リリー・フランキーの大ヒット作『東京タワー　オカンとボクと、時々、オトン』をはじめとして、福田和也『俺はあやまらない』、立川談春『赤めだか』、亀和田武×坪内祐三『倶楽部亀坪』、杉田成道『願わくは、鳩のごとくに』、南博『マイ・フーリッシュ・ハート』（いずれも扶桑社）と魅力あるものが多く、私にはたいへん心地よい雑誌であったが、部数がバリバリ伸びているわけではない。

田中陽子に「このままでいいの？」と聞くと、「良くはない」「じゃあなんかやろう！」ということで、「Libro×en-taxi」と題したブックフェアをカルトグラフィアでやろうということになった。

そして同時に、リブロ池袋本店の上層にあるコミュニティカレッジの教室を借りて「エンタク学校」と称し、七回（時限）のトークショーも開催した（七時限目は三月一九日予定だったが東日本大震災の影響で中止）。

一時限目「忘れられたひとびと、忘れられた味（平松洋子×坪内祐三）」、二時限目「愛すべき三角マークの男たち（杉作J太郎×坪内祐三）」、三時限目「写真と展覧会（ホンマタカシ×福田和也）」、四時限目「アメリカ文学、または赤堤小学校のこと（岸本佐和子×坪内祐三）」、五時限目「音楽の成り立ち（南博×福田和也）」、六時限目「酒の飲み方、夜の歩き方（大竹聡×坪内祐三）」、七時限目「シークレットトーク（?・?・?×福田和也）」。

七時限目は震災直後ということで中止にしたが、どの時間も満員御礼状態で、うれしく、楽しい時間を提供できた。

マスコミの取材も毎回入り、カルトグラフィアが認知されると同時に、池袋西武、コミュニティカレッジの名を広めるためにもずいぶんと貢献できたと思う。

残念ながら『ｅｎ‐ｔａｘｉ』は平成二七年（二〇一五年）に休刊する。三四号（二〇一一年）から重松清が編集人に加わって、ビッグヒットはなくても玄人好みのする内容を維持してきたのに……。池袋本店の「エンタク学校」も好評だったのに、何とも残念である。坪内や福田の着眼についていける読者が減ったということであろうか。とても悲しい気がする。

東日本大震災

平成二三年（二〇一一年）三月一一日、とんでもない事件が起きる。東日本大震災である。私は営業本部長も兼務していたので、一〇日に大阪で関西地区の営業会議をおこない、一一日は名古屋エリアの店舗点検をして東京に戻る予定になっていた。

ＪＲ春日井駅を出るときだった。ガタガタと電車が揺れた気がしたが、停まることもなく発車。少し動いたところで電信柱から慌てて降りる電気工事作業員の姿を見た。

震度三とのことだったが、地下鉄に乗り換えると「東北地方で大きな地震があったらしい」という話題で持ちきりだった。

とにかく帰らねばと思い、予定を切り上げて名古屋駅へ。新幹線はもちろん、中央線や東海道線などの在来線もすべてストップ。いつ動くかわからないと言う。

このとき何を考えていたのだろう。気がつくと名古屋駅前のビッグビジョンに映し出される、津波が東北の町を蹂躙する映像を呆然と見ていた。三〇分も見ていたのだろうか、ふと正気に戻り、本部へ、家族へ電話をしてみる。どこにもつながらない。駅前は人があふれ返っている。

「宿がなくなる！」これはよく気がついたものだと思う。会社が提携しているホテルに連絡をして部屋を押さえた（名古屋内は電話が通じた）。

ホテルに着くとカウンターには宿を求める人の長蛇の列が出来ていた。

その後はホテルの部屋にこもり電話をかけ続ける。

数時間後やっと本部につながり、無事を伝えると同時に「いつ帰れるかわからないから、少しお金を振り込んでくれ」と言うと、「ＡＴＭも止まっています。何とか自力で帰ってきてください」とのこと。池袋本店は一部の壁にひびが入ったけれど大丈夫ということであった。

家族と連絡がついたのは夜中と言うより朝。無事が確認できたので、ほんの少し眠って名古屋駅に向かった。

何と朝から新幹線は動いていた！　しかもすいている。あっという間に東京に着くのだが、東京の電車がズタズタだった。東京駅から二時間近くかかって池袋にたどり着く。

最初に命じたのは館内のテレビ画面をすべて地震情報にすること。地震に関するブックフェアを一刻も早く始めることである。電車内では電話が通じずイライラしていたのだが、吉村昭の『三陸海岸大津波』（文春文庫）が気になっていたのだ。

この本は明治の頃から何回も津波が東北地方を襲っていることを伝える記録文学である。何年の津波のときは波がここまで来たという津波塚の存在も教えてくれている貴重な本なのである。

おそらく三・一一の時点でこの本の存在に気がついている書店員はそういない。商売にこだわっている場合ではないのだろうが、全部押さえたかった。

池袋本店に着いて、独占重版でお世話になった文藝春秋の担当者に何とか連絡をつけ、「在庫あるだけ送ってくれ」と伝えた。ドカーンと入ってきた。他社やマスコミが気づいたのはその後で、今ではこの本を知らない書店員はいないと思う。不謹慎ながら、密かに喜びをかみしめた。

リブロは福島の郡山店と茨城のひたちなか店、埼玉の岩槻店の売場が崩れ、しばらく休業・修理となったが、それほど甚だしい被害は受けなかった。

しかし、東北エリアの書店や図書館はどうなっているのか非常に気になっていた。すぐにでも応援に行きたいという気持ちはあるのだが、行けばきっと足手まといになる。自粛して、思い留まった。ようやく被災地を訪ねることができたのは、震災から三年半経ってからのことだった。

平成二六年（二〇一四年）一一月、岩手県釜石市近辺の湾岸エリア、大槌町、山田町、大船渡市、陸前高田市を巡った。

現地で移動図書館を運営する公益社団法人シャンティ国際ボランティア会の課長（当時）で旧知の鎌倉幸子から誘ってもらい、移動図書館および各自治体の図書館や書店の現状見学が実現したのであった。

初日は、大槌町、山田町へ。新幹線を新花巻で降り、車で遠野市を通って釜石まで約二時間。釜石から北に向かってまずは大槌町。町長をはじめ、町の幹部の多くが亡くなった町役場はまだ残骸をさらしていたが、取り壊しが決まったとのこと。周りを見渡すとただ一面の更地。三年以上経ってここまでしか進まなかったのかと思わざるを得なかった。

次に、シーサイドタウンマストという商業施設内で一頁堂《いちぺーじどう》書店を経営する木村夫妻を訪問。木村は震災後、「町に本屋がなくなってしまう」と脱サラして店を始めた人で、六〇坪の店内はメインに震災本を並べるなど、ユニークなコーナーが目につき、気合を感じさせてくれた。さらに震災で親を失った子供に自社図書券を無償配布しているとのこと。ボランティア（来街者）景気が一休みで経営が厳しいと言っていたが、地元を思う情熱・姿勢に感動した。

続いて山田町。ここの図書館はコミュニティセンター内に避難している状態で、児童書五坪、その他一〇坪程度の展開。蔵書の六割以上が流されてしまったと言う。そのすぐ近く、盛り土と盛り土の間の復興商店内の大手書店を訪ねる。三坪程度のプレハブ店舗だが、経営者の大手恵美子は、きわめて明るい接客。商品もクジやシール、妖怪ウォッチ関連グッズなどを上手に並べ、前向きさが感じられた。店を出ようとふと上を見ると、「いつも心に残り続ける……そんな店に私たちはなりたい」との手製ポスター。「俺たちまだまだ甘ったれているな」と思わされた。

翌日、南下して大船渡市へ。大船渡市は海に面した平野部が少なく、元々市役所も図書館も高台に建っていたので割と被害が小さかった由。図書館は、新居千秋がデザインしたコンクリート打ちっぱなしの瀟洒な館。蔵書は約一四万冊。内装も木目調回廊式で都会でもなかなかお目にかかれないワクワクする施設であった。書店も大きなものはないが、ロードサイド店がそこここで健在だ。

そしてその南の陸前高田市。ここは大船渡市と逆で、平野部分が多く、そこにあったほとんどの施設が消滅するという被害に遭っている。図書館は、陸前高田コミュニティー図書室（移動図書館はここを起点に運行されていた）、仮設陸前高田市立図書館、ちいさいおうち、にじのライブラリーの四箇所に分かれて存在。いずれも三坪から二〇坪弱の施設で、前途の厳しさを感じた。海べりには近くの山を切り崩して土を盛るためのベルトコンベアが乱立し、徹夜で作業をしているそうだが、いつ完了するのか想像もつかなかった。この街を支えてきた書店、伊東文具店は仮設の四〇坪程度のプレハブ店舗で営業していた。

以上は二〇一四年当時のリポートであり、被害の大きかった陸前高田の土盛りは現在はほぼ終了。図書館も新しいものがオープンし、近隣では大型商業施設も営業を開始しているが、復興は今もまだ道半ばである。

私は個人的に地元図書館への寄付を続けている。図書館には震災直後全国から本がたくさん送られてきてその処理に困ったという話を聞いたので現金にしているが、本を引き取ってその売上を寄付してくれる中古本屋もある。

東北を、そして熊本も忘れないで欲しいと思う。まだまだ終わってはいないのだ。

天神復活

一つうれしいこともあった。

平成二三年（二〇一一年）一一月、福岡天神の岩田屋本館七階にリブロ福岡天神店が念願かなって復活開店したのである。

八年前、岩田屋ジーサイド（現本館）七階にあった九州エリアのリブロの旗艦店である福岡店は、岩田屋本店の移転など様々な事情の中で撤収せざるを得なくなり、泣く泣く撤退に応じた話は前述したが、すぐ、たくさんの方から手紙やメールを頂戴した。待っているから必ず復活してくれという内容がほとんどで、これだけ味方がいたらあきらめられるはずがない。

本社に戻り店舗開発を担当することになった私の岩田屋詣でが始まった。「せめて世間話と情報交換は続けさせてください」という私の申し出を岩田屋の幹部はよく受け入れてくれたものだと思う。撤退したばかりのテナントの開発担当が、しょっちゅう訪ねてくるというのはあまり聞かない話だ。

もちろんいつかは復活したいと強く思ってしたことだったが、会うたびにそんな話をしても付き合いが続くわけはない。百貨店論、書店論、博多学、未来型商業施設論など話題は多岐にわたり、会う前には色々と情報収集をし勉強をしていくことが必須となった。八年間、本当に有意義な会談を重ねさせていただいた。

そうこうするうちに、天神エリアの百貨店から書店が消えてしまった。三越の八重洲ブックセンター、大丸の紀伊國屋、岩田屋のリブロ……、専門店からも天神コアの紀伊國屋。福ビルの丸善はＴＳＵＴＡＹＡにかわった。天神の南東エリアにジュンク堂一店舗、一番の繁華街＝南西ゾーンには大型書店がなくなってしまっていた。

一方、九州新幹線開通に伴う博多駅ビル商業施設計画は着実に進み、阪急百貨店と東急ハンズを核テナントとし、丸善も八〇〇坪級で出店することが決まった。天神エリアの百貨店はどこも書店がなくてよいのだろうか、効率ばかり追求する金太郎飴型百貨店で生き残れるのだろうか、という訴えかけをする。八年経ってやっとこのタイミングにたどりついた。再出店が決まった。

新しい場所は、ＮＴＴ夢天神ホール跡地で約三五〇坪と、そう広くはないため喫茶はあきらめざるを得なかったが、復活を待ち望んでくれていた人たちの期待は裏切れない。

池袋本店の人気コーナー「カルトグラフィア」と、趣味書の生活雑貨と本のコラボショップの導入は当然のように決まった。見やすくインパクトのある新刊台「リブロ・ウォール」、大型画面でイベントや商品の案内をする「リブロ・ヴィジョン」は店の一番いい位置にはめ込んだ。

天神唯一の地元百貨店岩田屋に強いロイヤリティを持つお客様（岩田屋ファン、岩田屋フリークと言っていいかも）向けには「福岡情報コーナー」「ご注文・検索相談コーナー」を設け、本の案内人＝コンシェルジュを配す。

そして一番のウリは児童書コーナー。「九州一のこども服売場」を誇る岩田屋と呼応して「九州一の絵本売場」を目指した。

旧夢天神ホールの舞台の部分は天井が高く、そこをそのまま活用して、〝ジャックと豆の木〟のように大きな木が天まで伸びていくような装飾什器を作り、ファンタジックに絵本をちりばめた。売場名も池袋に負けるなよの祈りを込めて、池袋本店外不出だった「わむぱむ」と命名。

岩田屋も一階のショーウィンドウで大々的に宣伝してくれ、好調なスタートを切って現在に至っている。

ホッとさせてくれる一時であった。

ブックフェア「戦争」

池袋本店のカルトグラフィアでは他にも力を入れた仕掛けをおこなった。

特に印象に残っているのが、平成二三年（二〇一一年）七月の、ブックフェア「戦争——人間はいつまで愚行を繰り返すのか」である。

村上春樹が、カタルーニャ国際賞の受賞スピーチで福島原発の事故にふれ「（原発を容認してきた）私たちは被害者であると同時に加害者でもある、私たちが一貫して求めてきた平和で豊かな社会は〝効率〟によって損なわれ、歪められてしまった」「私たち日本人は核に対するノーを叫び続けるべきであった。技術力を結集し、叡智を結集し、社会資本を注ぎ込み、原子力発電に代わる有効なエネルギー開発を、国家レベルで追求すべきだった」と訴え、それに呼応するかのように原発反対の市民デモが久々に敢行された。

村上の言う通り、戦争を放棄し核を廃絶しないと人類は滅びるかもしれないと、多くの人間が国を超えて考え始めるのは当然のことと言えよう。

前年、三島由紀夫没後四〇年、韓国併合一〇〇年に合わせて「憂国」と題したブックフェアを開催し、「日本人精神の根源的なあり方・ポスト消費社会の行方」を再考しようと呼びかけた。そして、姜尚中《カンサンジュン》に「日韓に関する本」を選んでもらい、半島と日本の今までとこれからについて考えるコーナーも設けていたが、今回は、東日本大震災や村上春樹の発言を踏まえ、「憂国」と呼応させる意図も込めて戦争と核についてのフェアにしようと考えたのだ。

ちょうど集英社が「戦争×文学」のシリーズを刊行し始めていたので、それを中心に戦争本と原発本、自然エネルギー本などをピックアップしていったのだが、途中でそのリストを眺めなおしてみると、何となく独善的でこっ恥ずかしい感じがしてならなくなった。そこで、知人を中心に多くの人に呼びかけて、戦争に関する推薦本を募り、推薦者名とコメントを入れたPOP付きの本を次々と加えていった。独りよがりな感じが消え、良い売場景色が出来上がった。

さらに、同時開催という形で、昨年選書してくれた姜尚中と親しい仲で、仙台で被災した伊集院静に「戦争と文学について」という切り口で選書をしてもらう。作家デビューする頃の若き日を描いた名作『なぎさホテル』（小学館）が刊行されたばかりだったので、サイン会もお願いした。

また、吉村昭が六回忌（七月三一日）を迎えることから「吉村昭に学ぶ戦争」というコーナーを作り、津村節子にはサイン会を了承してもらった。こちらも吉村が亡くなるときを描いた『紅梅』（文藝春秋）がちょうど出るところであった。津村は、直前に川端康成文学賞を受賞してたいへんお元気。しかし、夫・吉村昭の壮絶とも言える死に至る日々を描写することは、芥川賞作家である津村節子の宿命なのかもしれないが、妻・吉村節子としてはさぞかし辛い作業であったろう。津村の作家魂の結晶と言っていい作品のサイン会に、昔からのご友人もたくさん集まり、いい雰囲気の会になった。

『文藝春秋』も「吉村昭が伝えたかったこと」と題した臨時増刊号を出してくれることになり、同時に吉村の作品で長く絶版扱いになっていた六作品（『総員起シ』『磔』『史実を追う旅』『帰艦セズ』『殉国　陸軍二等兵比嘉真一』『幕府軍艦「回天」始末』）と、津村の『さい果て』の重版も決めてくれた。

色々なタイミングが合い、すべてが上手く回って、いいイベントが出来上がったと自負しているが、東日本大震災がなかったら、吉村の『三陸海岸大津波』もこんなに注目されず、他の六作品も重版されなかったのかもしれないと思うと複雑な気分になった。『さい果て』

も若き吉村・津村夫妻の苦労物語であるし、芥川賞受賞作「玩具」も収録されている一冊なので、何で絶版になっていたの？　という感じであった。

さらに驚いたのが伊集院静の海峡三部作＝『海峡』『春雷』『岬へ』（新潮文庫）まで絶版扱いになっていたことだ。この年、伊集院は、『大人の流儀』（講談社）、『いねむり先生』（集英社）、『作家の遊び方』（双葉社）と立て続けにヒットを飛ばしていたが、前年まではたしかにイマイチ。しかし、海峡三部作は山口に生まれ、育ち、東京へ出た伊集院の自伝的小説で、私は彼の代表作であり、五木寛之の『青春の門』（講談社）に匹敵すると思っているので、そんな作品を絶版にするなんて……と怒っていたわけだが、やはり三作品ともこのとき重版された。

「新潮社が重版する気がないのなら他の版元からでも出しましょうよ」と伊集院と話していたので、素直に喜びたいのだが、どうも納得がいかなかった。

売れると態度を変えるのは仕方ないことかもしれないが、効率や損得勘定を優先していると戦争も原発事故もなくならないし、地球環境も好転しない。村上春樹の指摘したことは永遠に解決されないかもしれない。利潤を上げるだけが企業の役割ではなく、文化や社会に貢献することも忘れてはならない。出版に携わる者も同じだなと思った。

このフェアは高橋源一郎をはじめ多くの作家や評論家も参加したり見にきてくれたりして、好評であったが、「日韓問題」「戦争」「原発」についても賛否両方の意見がたくさん寄せられた。これだけ注目されるのは書店冥利に尽きるものであるが、色々な人に参加してもらい賛成の本も否定の本も展示して、どちらかに偏らないやり方にして良かったと感じた。

時事問題や社会問題を取り上げるフェアは、そこを意識しないといけないと、身をもって勉強させてもらったイベントであった。

宝島社書店

趣味書売場もテコ入れをした。

きっかけはマネージャーの矢部潤子が宝島社と話をつけてきてくれた「宝島社書店」であった。

池袋本店の趣味書売場には一〇坪ほどのイベントコーナーがあり、趣味書ジャンルのフェアをそこでおこなっていたのだが、そろそろ本だけのフェアでなく雑貨を入れたものもやらなければと思っていた。

宝島社はご承知の通りブランドムックを強烈に売り出していた頃であり、池袋本店は販売数日本一を誇っていたので、タイミングもいい。

タイトルは「五感に訴える」とし、マイクロフレグランス社の香り噴霧器を置いてよい匂いを売場に漂わせ、アップテンポなＢＧＭを流す。商品は宝島社のブランドムック大集合。美顔ローラーなどのグッズも展開した。

ブランドムックについているバッグ類は、宝島社から提供してもらったスタンドハンガーラックに掛けて手に取れるようにし、姿見も置く。壁紙もピンク系に変更。

全く雰囲気が変わり、女性向けの可愛い売場が誕生した。売上は元々売れる商品ばかりだったので、想定も高めに設定していたのだが、その想定の一・五倍超。

この「宝島社書店」は宝島社との契約で期間限定であったため、好調な中で終了せざるを得なかったのだが、元の本だけの売場に戻すのは残念な気がした。

そこで、ミニ改装の許可を社内と池袋西武にとり、「ｍｉｏｍｉｏ」の雑貨を中心に宝島社以外のグッズブックやファンシー文具も入れて再度コーナーを作ったのだが、数か月後西武百貨店本部が「リブロは書店じゃないのか」と言ってくる。そんなことを言ってくるのではないかと、池袋西武の他の売場と商品がバッティングしないようにしていたにもかかわらずである。しかも、本館にできた書店には堂々と文具まである。

結局このときは商品リストと価格表を再度提出し、たいした問題にはならなかったが、まあ相変わらず……なのであった。

作家養成ゼミとカフェライブ

サンシャイン通りの東急ハンズ向かいの路面に、小型だが自営のカフェを併設している店があった。リブロ東池袋店である。

ここにいたある社員が、「このカフェから作家を送り出したい」と言い出した。「面白いね、やってみようよ」と私も賛同し、やってみることになった。

作家エージェント業をおこなっているアップルシード・エージェンシーと連携し、自分の本を出したがっている人を募集。予選通過した人を数か月に一度、カフェを貸切にして招集し、批評会をおこなう。批評に参加するメンバーは出版社の編集者、書店員、ときには作家、噂を聞きつけてきた人、通りがかりの興味を持っている人、リブロの社員……。

「読者はどのへんを想定しているんだ?」「これじゃ売れないよ!」「似たストーリー見たことあるなあ」と遠慮のないトークが飛び交う。著者は原稿を持ち帰って書き直し。

何回か批評会を繰り返し、「出してもいい」という出版社が付いた場合は出版へ。

出版したとき、何冊仕入れようと思うかリブロあるいは他書店が語り、初版部数の参考にしてもらう。

出版されたら、書店は想定部数を仕入れ、目立つところに置いてＰＯＰやサイネージなど、可能な限りのアピールをして売る努力をする。

この流れが我々の始めた作家養成ゼミである。

非常に楽しい作業であった。出版社の編集者も一流どころがたくさん出席してくれたが、「これが理想のやり方ですね」と言ってくれる人が多かった。

今や有名人のはあちゅう、ワハハ本舗の若手集団娯楽座のリーダー格、星川桂もここから作家デビュー。北沢秋《しゅう》『哄う合戦屋』（双葉社）、や本山勝寛『16倍速勉強法――「東大」「ハーバード」ダブル合格』（光文社）といったヒット作も誕生した。

このいい感じをずっと続けていきたかったが、平成二四年（二〇一二年）東池袋店は閉店することになり、作家養成ゼミも終了することになってしまう。路面で喫茶部分を貸切で使用できるリブロの店が他になかったのが大きな要因であるが、今でも（リブロじゃなくても）どこかで再開できないかなと思っている。

東池袋店では、旧福岡店で実施したストリートミュージシャンのライブもおこなった。コバソロ、横田良子……ここから巣立っていってくれた。

こちらのライブ、東池袋店終了後も池袋本店で引き継ぎ実施。池袋本店ではカフェでなく地下一階のサイン会をする広場でストリートの雰囲気の中、平日の夜の書店に音楽を鳴り響かせてもらった。いい光景であった……。

リブロ絵本大賞

リブロ絵本大賞を始めたのもこの頃である。

平成二二年（二〇一〇年）、リブロは創立二五年を迎え、その記念に何かしようとこの賞を誕生させたのだった。

全国約八〇店舗のリブロ各店の児童書担当者が、その年に刊行された絵本の中から「広く紹介したい」「強くおすすめしたい」と思う作品を投票で選び、役員会で承認する方式だ。

過去の受賞作は、

第一回（二〇一〇年）　サトシン作／西村敏雄絵『うんこ！』（文溪堂）

第二回（二〇一一年）　やぎたみこ『ほげちゃん』（偕成社）

第三回（二〇一二年）　岡田よしたか『ちくわのわーさん』（ブロンズ新社）

第四回（二〇一三年）　フィリス・ゲイシャイトー、ミム・グリーン文／デイヴィッド・ウォーカー絵／福本友美子訳『だいすき　ぎゅっ　ぎゅっ』（岩崎書店）

第五回（二〇一四年）　ｔｕｐｅｒａ　ｔｕｐｅｒａ『パンダ銭湯』（絵本館）

第六回（二〇一五年）　塚本やすし『やきざかなの　のろい』（ポプラ社）

第七回（二〇一六年）　宮野聡子『いちばん　しあわせな　おくりもの』（教育画劇）

第八回（二〇一七年）　柴田ケイコ『おいしそうなしろくま』（ＰＨＰ研究所）

である。

第一回がやはり印象深い。『うんこ！』というタイトルに最後まで抵抗を示す役員や担当者も多かったが、私はその後のサトシンの活躍を見ると受賞してもらってよかったと思っている。

読み聞かせのとき、「これから本を読みまーす。今日の絵本は『うんこ！』」と語りかけると子供たちから大きな笑い声と歓声が返ってくるうれしい絵本で、いまだに版を重ねている。

彼の読み聞かせに来て感動しない人はいないだろう。語りはもちろん絵本に合わせた歌も用意していて（「うんこのロックンロール」など一〇曲が入った『ソング絵本大全集』というＣＤも出ている）、とにかく会場が盛り上がる。

また「おてて絵本」で子供は完全にサトシンワールドに引き込まれる（「おてて絵本」とは、手の平を合わせたあと左右に開かせて本を手にとって見ているイメージを抱かせ、浮かんでくる物語を子供たちに語らせるというもの）。

スクリーンやＰＣも随時使用し、もはや読み聞かせと言うよりパフォーマンスショーである。しかも、保育園や幼稚園の先生、図書館の職員向けのセミナーもできる。いつも、参加した親子、受講者から数々の賞賛や感謝のことば、メールが届くという。

彼は新潟に住んでいるが、月に二〇日は読み聞かせや講演、サイン会に出向く。高い謝礼などもらえない業界だとわかっていてのこの行動には頭が下がる。

それに対してサトシンはこう言う、「作家が自ら動いて、書店の店頭で発信していくことが大切であり、面白いと感じている。正直、イベントをやるのは楽ではないが、お客さんが元気をくれる。書店や図書館の現場を盛り上げて出版文化を何とか守りたい」と……。

リブロの児童書担当者、先見の明があったよなと思っている。

受賞作決定後、受賞者と一緒に該当作を出した出版社を訪れ（出版社にも賞を差し上げている）、そこで金一封と記念の透明の盾を差し上げるのを常としているのだが、たいした金品ではないのに喜んでくれる。

リブロもそれに応えるため、全店で「リブロ絵本大賞フェア」を実施。受賞作はもちろん、一〇位までに選ばれた作品を店頭展開し、それぞれの店の装飾コンクールもおこなっている。

池袋本店の児童書売場「わむぱむ」には単品売上日本一の商品がたくさんあって、平日の午前中でも高そうなベビーカーを押してくるセレブママが多かったが、そういう方たちにも好評だった。入り口に置いていた「わむぱむツリー」の装飾もいつも気合が入っていて改めていい店だったなと思う。

第四回は外国の作家の作品だったので、「私が賞状を届けにいこう」と思っていたら、ダメだという。これは役員一同「考えてみれば賞金より高い交通費かけるわけにいかないよな。そういう話になるよな」ということで、この年以降、国内作家限定になったように記憶している。

また、第五回の作品はリブロ絵本大賞の前に、他の複数の絵本大賞にも選ばれていた作品だった。この回では、「決して悪い作品ではないが、そういう点も考慮しよう。リブロらしさを忘れずに、売上にこだわらないで作品を評価しよう」という反省もさせてもらった。

第六回は、私が弟のように思っている塚本やすしが選ばれた。受賞作は『やきざかなののろい』。

やきざかなが嫌いな男の子が、やきざかなに追いかけられたり食べられたりしそうになりながら、最後は猫に助けてもらいやきざかなを食べられるようになるというストーリー。絵も非常に温かみのあるもので、おそらく多くの人に気に入ってもらえるだろうと思っていた一冊なので私もたいへんうれしかった。

この選考は全リブロの児童書担当者の投票で決まるもので、リブロで働く仲間が私と同様の気持ちを持ってくれていたことにも感動した。

塚本は昭和四〇年（一九六五年）東京生まれ。面白系の絵本もたくさん作っているが、『戦争と平和を見つめる絵本　わたしの「やめて」』（朝日新聞出版）や、『いのりの石　ヒロシマ・平和へのいのり』（フレーベル館）では反戦・反原爆を訴え、大詩人谷川俊太郎の詩に絵を付けた本『しんでくれた』（佼成出版社）では人間の食べ物として死んでくれた動物に対して感謝することを教えている。

その絵は、繊細に美しい類には入らないが、非常に温かみを感じさせる、親しみを覚える絶妙なヘタウマさ加減である。

お酒を愛し、ときにはびっくりするような行動をする塚本だが、谷川はそんな塚本をいつも温かい目で見守っている。大詩人の心を知らぬうちに摑んでしまうのは、彼の人柄のおかげであろうし、谷川も塚本の絵が好きなのだと思う。

最近では椎名誠にも気に入られ、共作で『おっちゃん山』『おかわりもういっぱい』（いずれも新日本出版社）が出版されている。

一つ気になっていることがある。

サトシンと塚本やすしは、平成二五年（二〇一三年）『むらをすくったかえる』（ディスカヴァー・トゥエンティワン、サトシン作／塚本やすし絵）を出版している。

これは、村から仲間はずれにあったかえるが、日照りに悩む村のためにゲコゲコ鳴き続け

（それもうるさいと村人から言われながら）雨をよぶことに成功するが、村人が心を入れ替え、かえるにおわびをし、お礼を言おうとかえるのもとに駆けつけると、かえるは命絶えていた……、という物語。

塚本やすしの全力を振り絞った絵もすばらしく、おとなも涙を禁じえないすばらしい作品である。

リブロ全店で応援して他の書店や多くの読者に知ってもらおうと、本人たちの協力も得てサイン会や読み聞かせを繰り返しおこない、今も定番のロングセラーにすることができた。

ところが、何があったのであろう、二人は今疎遠になってしまっている。才能を開花させた二人は売れっ子になってそれぞれ活躍しているが、新しい共作を期待している書店・読者は少なくないだろう。

私は両者と交流を続けさせてもらっているので何とか引き合わせようと思っているのだが、いまだに実現できていない。良い作品ができるはずなのだが……。今後も努力を続けていきたいと考えている。

リブロ絵本大賞。私は第六回までしか関われなかったが、何とか頑張って続けていって欲しい。

読書習慣には幼年期の経験が大きく影響する。母が読んでくれた絵本、語ってくれたお話は、私のような歳になっても美しい思い出として記憶に残っている。

読んでくれた絵本を自分でも手にとり、自ら読む習慣へとなっていく。読書の基礎を司る書店の中で一番大切なジャンル。大切に守っていかねばならないであろう。

ギャラリー催事

もう一つ忘れてはならないのがギャラリー催事である。

ギャラリーとは、児童書売場「わむぱむ」の二階上、無印良品の売場の脇にある二〇〇坪ほどのミニ催事場である。以前は美術館であった場所で空調などの設備が良く、美術系の催事や古本祭りなど、本館の大催事場では大きすぎるかなと思われるようなものを百貨店内の各売場が順番でおこなっている。

リブロの大ヒットは平成一八年（二〇〇六年）仕掛け絵本がはやった年におこなった「ロバート・サブダ展」。

一週間で七〇〇〇万円ほどを売り上げ、「古本祭りの数倍」と大注目される。

その後定番になったのが、コミックの原画展である。

平成二一年（二〇〇九年）の一二月、コミック界の重鎮である「萩尾望都の原画展」が八日間で一万二〇〇〇人の入場を記録したのだ。

これに続いたのが平成二三年(二〇一一年)の「羽海野《うみの》チカ原画展」。羽海野は『ハチミツとクローバー』(集英社)や『3月のライオン』(白泉社)で人気の作家だが、あまり表に出ることがなく、実施できるか心配していたのだが何とか話がついて実現。「尊敬する萩尾望都と同じ会場」というので乗り気になってくれたようだが、こちらは三万八〇〇〇人を集めた。

以降、平成二四年(二〇一二年)は「ザ・マクロス原画展」と「デビュー五五周年 ちばてつや原画展」、平成二五年(二〇一三年)は「夏目友人帳展」「諸星大二郎、吾妻ひでお展」、平成二六年(二〇一四年)は「黒執事原画展」「宇宙戦艦ヤマト2199原画展」「攻殻機動隊大原画展」と三連発。池袋本店の閉店がわかっていた平成二七年(二〇一五年)も「もやしもん×純潔のマリア原画展」をおこなっている。

原画や模型の展示、特別映像の上映はもちろんだが、原画展でしか買えないパンフレットやグッズを作ったり、複製原画も枚数限定で販売するなど、ファンやマニアが喜びそうなことを企画会社と一緒に考えながらやるのは本当に勉強になった。動員はいずれも一万人以上、売上も数千万円で、西武百貨店にもずいぶん貢献した催事だったと思う。

本屋が選ぶ時代小説大賞

個人的な話だが、池袋本店担当中の平成二三年（二〇一一年）から平成二七年（二〇一五年）まで、文藝春秋『オール讀物』誌主催の「本屋が選ぶ時代小説大賞」の選考委員をやらせていただいた。

二〇一一年一二月号の『オール讀物』に編集部の宣言のようなものが掲載されているのでご紹介しておく。

いま、時代小説界は、大きな転機を迎えています。
新しい書き手が続々と登場してブームと言われる一方、刊行点数が増えるあまり粗製濫造気味になっているとの声もあります。我々の暮らしぶりも、昔とは違うものになりましたが、あらためて江戸の豊かさや生活の知恵などから学ぶところも多いのではないでしょうか。
そこで「本屋さん」の視点から、二〇一一年現在の時代小説界に光をあてるべく、ヴェテラン書店員の方々にお集まりいただきました。五冊の候補作から「本屋の選ぶ時代小説大賞」の一冊を決めていく話し合いのなかで、プロの目による率直な意見を紹介したいと思います。
ということで、旭屋書店の中野誠、八重洲ブックセンターで文藝春秋ＯＢの鈴木文彦、紀伊國屋書店の市川房丸、古書店代表ということで作家の出久根達郎、そして私が選考委員に選ばれ、この企画がスタートした。
第一回候補作は
伊東　潤『黒南風《くろはえ》の海　加藤清正「文禄・慶長の役」異聞』（ＰＨＰ研究所）
犬飼六岐《ろっき》『囲碁小町　嫁入り七番勝負』（講談社）
佐藤賢一『ペリー』（角川書店）
志水辰夫『夜去り川』（文藝春秋）
山本兼一『銀の島』（朝日新聞出版）
の五作品。
候補作選定に当たっては、評論家の縄田一男にその年のベスト二〇を選んでもらい、その後文藝春秋社内で揉むという本格的なもので、私も緊張して何回も読み直し、メモや付箋をたくさん付けて選考会に臨んだ。

私は、秀吉の朝鮮出兵時の知られざる物語、加藤清正たちの活躍を描いた『黒南風の海』を推したが、一次投票で大混戦となった。たしかにこの五作はどれも秀逸なもので甲乙付け難かったのだが、「黒南風って何のことだかわからないからお客様は手に取りにくいだろう」とか「今日現在のデータでは『銀の島』が一番売れている」「この表紙はもう一工夫しないと平積みしたくない」といった本屋目線の議論も面白かった。

結局決選投票の末、伊東潤の『黒南風の海』に決定するのだが、この初めての熱戦、ぐったりであった。いくつもの選考委員をしている作家を知っているが、連載を抱えつつ、夜は銀座に繰り出しながらよくやれるな、作家ってやはり常人じゃないなと実感させてもらう会であった。

晩年の池波正太郎が、選考委員をみな辞めてしまったのがわかった気がした。

余談だが、伊東の作品には扉のところに朝鮮半島の地図がつき、物語に登場する地名が書き入れられていた。それが選考委員の中では非常に好評だったのだが、それを聞いたか聞かずか、以降伊東の作品にはほとんど地図がつくようになる。これもうれしいことであった。

翌年も大接戦。

葉室麟『千鳥舞う』と澤田瞳子『満つる月の如し　仏師・定朝』（ともに徳間書店）の対決だった。上手さでは葉室、しかし澤田の新鮮さ、将来性にかけようということで、澤田に決まった。

澤田はその後『若冲』（文藝春秋）や『火定』（PHP研究所）で直木賞にノミネートされ活躍を続けているが、同志社大学文学部の大学院卒らしい几帳面な文章が少し軟らかくなるといいのにと私は思っている。


三年目も印象に残るものであった。

朝井まかて『恋歌』（講談社）と浅田次郎『一路』（中央公論新社）のダブル受賞。

『一路』はダントツに売れていたし、話も非常に面白い内容だったので文句なしなのだが、「俺たちが浅田さんに賞なんてあげていいの」「いらないって言われるんじゃないの」といった意見も出た。『オール讀物』の編集者に確認してもらうと「喜んで」という返事。一件落着した。

『恋歌』は、樋口一葉の師匠でもあった明治の歌人中島歌子の生涯を描いたもので、その夫で水戸藩天狗党の林忠左衛門（以徳）の悲運の人生を描く物語。朝井はこれまでどちらかというと、軽い小説が多かったが、この小説の仕上がりはすばらしい。歌子の隠してある原稿を弟子に読ませて物語を進行させるテクニックといい、わざと（?）忠左衛門の最期を描かない手法といい、非常にレベルの高い仕上がりになっていて感心させられた。戦乱をあまり描かず、女性らしい目線で歌子を書ききっている逸品である。

朝井の作品はあまり読んでいなかったので、「すばらしい作品だ。朝井に気づかなかった自分が恥ずかしい。おそらくこの作品は彼女の代表作になるだろう」と私は選評に書いた……。

その二か月後、『恋歌』は直木賞を受賞する。「アメージング!!」である。朝井からは「菊池さんたちのおかげです」と丁寧な礼状をいただき、今も交流が続いている。「直木賞より先に俺たちが気づいた」痛快な思い出となった。

平成二六年（二〇一四年）は、

岩井三四二《みよじ》『異国合戦　蒙古襲来異聞』（講談社）
奥山景布子《きょうこ》『太閤の能楽師』（中央公論新社）
風野真知雄『沙羅沙羅越え』（ＫＡＤＯＫＡＷＡ）
小松エメル『夢の燈影《ほかげ》』（講談社）
谷　津　矢　車『蔦屋』（学研パブリッシング）

が候補作。

この回は、蒙古の襲来時に最前線で戦った竹崎季長という御家人を通して、元寇を描いた岩井の『異国合戦』が群を抜いて良く、余裕の受賞となった。

私も岩井に一票投じたのだが、小松エメル『夢の燈影』が気になっていた。小松のイメージはラノベ系・ファンタジー系でこれまで彼女の作品を読んだことがなかったのだが、この作品にはちょっと驚かされた。新選組の無名隊士の生き様を書いた短編集でしっかりした文章。時代小説作家らしいまとまり方をしていたのである。短編の話のつなげ方がいま一つで受賞にはいたらなかったが、良い作品だった。

選考会の後、彼女の代表作といわれている『一鬼夜行』シリーズ（ポプラ社）を読んでみた。古道具屋の主人と妖怪が妖怪がらみの事件を解決していく物語だが、若者の読み物と思っていたのにグイグイと作品の世界に引き込んでくれる。またまた新しい発見であった。

小松は昭和五九年（一九八四年）生まれ。祖父がトルコ人なので、エメルというカタカナの名前だが、東京生まれ東京育ちで一度もトルコへ行ったことがないとのこと。若手の女流でしっかりと時代小説を書いていける素質を持った稀有な作家だと思う。次世代を担う女流作家に育ってくれることを期待している。

平成二七年（二〇一五年）は、池袋本店が閉店した後の選考会だったので参加を辞退しようと思ったが、「今年まで池袋本店は存在したんだ」と自らを鼓舞して参加させてもらった。

候補作は、

中路啓太　『もののふ莫迦』（中央公論新社）
宇江佐真理　『為吉　北町奉行所ものがたり』（実業之日本社）
木下昌輝　『人魚ノ肉』（文藝春秋）
西條奈加　『六花落々《りっかふるふる》』（祥伝社）
谷津矢車　『曽呂利！　秀吉を手玉に取った男』（実業之日本社）

選考開始早々編集部より宇江佐真理が重篤な状態であることが告げられたが、「作品に集中しよう」と議論を進めた。

中路啓太の『もののふ莫迦』を推す意見が最初から多く、すんなり受賞が決まった。

この作品は、加藤清正に故郷肥後を踏みにじられた岡本越後守が、愛する人たけを奪われ、一度は清正旗下で朝鮮に渡り大活躍をするものの、真の〝もののふの道〟を貫き通そうと朝鮮側に立つという物語。岡本越後守、清正それぞれが目指す〝もののふの道〟を描く長編で、物語に一貫性があり、たけの存在・生かし方も上手く、楽しく一気読みさせてくれる。

舞台は第一回の受賞作『黒南風の海』と似ているが、それに勝るとも劣らないダイナミックな世界が描かれており、各書店では一番売れていないというデータがあるものの、「問題なし」で決着した。

私は、谷津矢車の『曽呂利!』が短編のつなぎ方が上手く、これも良いなと思った。秀吉に仕えた曽呂利新左衛門が、豊臣秀次、千利休、蜂須賀小六、石川五右衛門らをそそのかして暗躍するという物語で非常に楽しく読めた。

谷津は昭和六一年(一九八六年)生まれ。この後、ある版元の担当編集者が作品を無断で改変するという事件が起き、一時勢いが落ちるが、何とか大きく育って欲しい作家である。

宇江佐の作品は安心して読めるのだが、「いつもの宇江佐さんだね」という意見が多く授賞を見送った。そして選考会の三日後に亡くなった。おそらくこの作品も悪い体調を押して書いていたのであろう。ひたすら合掌であった。

私はこの年でリブロを卒業するつもりでいたので、選考委員から降りさせてもらったが、楽しく・苦しく、いい勉強をさせていただいたと感謝している。

受賞作決定後、池袋本店でも候補作や『オール讀物』本誌を並べてブックフェアを開催し、売上に貢献したことは言うまでもない。

応援してくれた人々

私が担当した池袋本店の最後の五年間、本当にたくさんの方々にお世話になった。着任してすぐ、現場の活性化を訴え、接客の強化を宣言し、知り合いの出版社や作家の皆さんに挨拶をして回った。

そんな中、まず励ましてくれたのが出版稲門会の幹部の皆さんだった。河出書房新社の若森繁男相談役、文化通信社の近藤晃治会長、作品社和田肇社長、新星出版社富永靖弘社長……。

若森には、私は若い頃から可愛がってもらってきた。河出書房の何回かのピンチを先頭に立って切り抜けてきたのも彼だったし、まだひよっ子のリブロに河出書房の有望な若手社員（現在の経営幹部）を送り込み切磋琢磨を促したのも若森だった。

家が近くだったので、なんだか訳のわからないところに何度も飲みに連れていってもらったりもした。

最近では「こういう時代だからこそ良いものは残さなくては」と池澤夏樹に独自の選定をさせて、『世界文学全集』刊行をリードした。

我々もその趣旨に賛同し、全力を挙げて販売に努めた。彼は十数年前からガンとの共生を選択していて、「強い治療をした後は体力消耗するので君に挨拶する間もなく逝っちゃうかもしれないけど」と冗談ともつかない話をしていたが、数年前鬼籍に入ってしまった。

若森の死後、『世界文学全集』に続いて『日本文学全集』も刊行されるが、それも若森の強い意思が入ったものと聞いている。幸い売れ行きは順調なようだ。彼の出版魂、河出書房はもちろん、業界全体で引き継いで行かねばならないことだと思っている。

文化通信社の近藤晃治も亡くなってしまった。

近藤は私を出版稲門会に誘ってくれた人である。当時書店人で会員になっている人は少なく、「ちっぽけな書店チェーンの役員ふぜいが会員になんて」と言っていた私の背中を押してくれたのが彼であった。その後も近藤や出版稲門会役員の富永靖弘が中心になって、会員資格の改定に努め、出版社はもちろん書店や図書館の若手も参加できるようにし、華やかな集まりにした功績は大きいと思う。

また、近藤はその発行紙『文化通信』の中でリブロや私のことをよく取り上げてくれた。色々な文学賞のパーティでもよく一緒になり、作家や出版社の幹部と二次会に流れるのにも連れていってもらった。

そんな近藤も若森と同様、がんと共生する選択をしていて、ある晩「ちょっと肝臓の数値が悪いから入院して治療してくる」と言って別れてすぐ、あっという間にいなくなってしまった。

亡くなる数日前の文化通信のコラム「拾った話題」が絶筆であるから、本当に入院してから急に悪化してしまったのだろう。あの味のある文章がもう読めないと思うと何とも残念でならない。

この年代の親しい先輩の逝去が続いた五年間であった。皆さんに可愛がっていただき、リタイアしたら老後の文壇話を楽しみにしていたのに寂しい限りである。


作家もよく寄ってくれた。

柳美里は『JR上野駅公園口』（河出書房新社）刊行したてにサインに立ち寄ってくれた。『en-taxi』のイベントをおこなったとき、彼女が編集から降りたときの経緯や猛女ぶりを聞いていたので身構えていたが、礼儀正しいレディ。毛筆で一冊一冊に丁寧なサインをする様を見るとジーンと来る。原発についての持論を話してもらったり、本当に楽しい時間であった。

「東北のために何とか役に立ちたい。東京にいなくても作家はやれるから」と言っていたが、その後本当に福島の南相馬市に移住し、「フルハウス」という小さな本屋を開いている。「地元の人が気楽に集まれる場所にしたい。立ち読み大歓迎。自らも参加するイベントを定期的に開催したい」と張り切っている。


恥ずかしがり屋のコミックエッセイストたかぎなおこには、『愛しのローカルごはん旅もう一杯！』（メディアファクトリー／現KADOKAWA）が出たときに、池袋本店メイン通路脇のショーウィンドウで原画展をしてもらった。

彼女は、三重から漫画家を目指して上京し、一人暮らしで苦労する日々を描いた『上京はしたけれど。』（メディアファクトリ／現ＫＡＤＯＫＡＷＡ）でブレイク。本人は表に出たがらないのだが、熱心なファンが多くサイン会も原画展も大盛況であった。

彼女の作品にも度々登場するご両親も三重から出てきていて、ファンに囲まれるハプニングもあったが、二人とも幸せそうにしてくれていた。

お父さんが帰り際に「あとは結婚してくれればいいのだが……」とつぶやいていたのが印象的だったが、平成二七年（二〇一五年）四〇歳を過ぎて結婚。平成二九年（二〇一七年）には長女が誕生。その翌年、二年ぶりの新刊『お互い40代婚』（ＫＡＤＯＫＡＷＡ）を発表した。

貴重な原画展は本当にありがたかった。幸せな生活を続けつつ、今後の作品を発表してくれるのを楽しみにしている。

私の強い希望に応えてくれたのが、髙田郁《かおる》、そして角川春樹事務所の角川春樹社長である。

髙田は、文庫書き下ろしの時代小説作家というイメージだが、かねて角川に「髙田さんにきちんと単行本を書かせて直木賞を狙わせるべき」とお願いしていたのが実り、『あい　永遠に在り』（角川春樹事務所）が刊行されたのだ。

この本は、幕末から明治の時代に潔白に波乱の生涯を送った医師関寛斎とその妻あいの物語。二人の間の子供の生死や、寛斎の人生の様々な局面で起きる事件が、あいの目線で描かれており、涙しながらの一気読み小説に仕上がっている上に、文章もすごく良く、気合が入っているのが感じられる好作品。

発行記念サイン会は、髙田が池袋本店を指名してくれた。

文庫書き下ろし作家のサイン会は珍しい上に、髙田は関西在住で関東でのサイン会は初めてということで多くのファンが集まった。髙田も売れっ子なのに、サイン会をおこなう前に、集まった人たちに「来ていただいてありがとうございます」ときちんと御礼を言い、一人ひとりに時間をかけるたいへん温かい催しになった。まさしく「実るほど頭《こうべ》をたれる稲穂かな」を、身をもって示してくれた気がする。

『あい』はその後も単行本としては好調な売上を示したが、角川春樹事務所としては『あい』執筆の間、ドル箱の『みをつくし料理帖』シリーズの休筆を認めたため、多少の収入減になったようだ。ある会合で角川と話す機会があり、「菊池さんにはだいぶ貸しができた」と笑いながら言われたことも忘れられない。

大沢在昌、林真理子、北方謙三、伊集院静は、新刊が出るたびにサイン会をしてくれた。

池袋本店の最後のサイン会は北方謙三であったが、その一つ前が大沢在昌である。大沢の思い出は数々あるが、『ライアー』（新潮社）でやったときは実は強度の腰痛で、中止にしたほうがよくないかと我々が言ったほどだった。しかし、大沢自身が「せっかく集まったお客さんを裏切れない」と言ってくれて強行することになった。

大沢はサインの後、写真を希望するお客様とは一人ひとりと記念撮影をするのが常であったが、この日はどうするかとヒヤヒヤして見ていると、痛い素振りも見せずいつものように何度も立ったり座ったりを繰り返し、最後までやり遂げた。

また、林真理子とのトークショーをお願いしたこともあった。

それは平成二三年（二〇一一年）東日本大震災の年の夏で、当初「八〇年代の私たち」と題して青春を振り返ってもらおうというものだったが、やはり東北の話題は避けられず、大沢が東北エリアの書店を巡って見てきた惨状を話し始めると、会場はシーンとなり聴衆は聞き入った。

ただそれだけではなく、その後の話のつなぎ方がまた秀逸だった。仙台に住んでいて地震の被害に遭ったものの、地元の書店を回ってサイン会などを連発して励まし続けた伊集院静を取り上げて褒め称えるかと思うと、その当時の伊集院の稼ぎっぷりをからかったりして場を和ませ、最後には林に子育ての悩みやダンナの愚痴話を語らせ、爆笑のエンディングとなった。

銀座の夜の帝王のイメージがあるが、実は繊細で気配りのできる人である。彼の代表作『新宿鮫』シリーズ（光文社）は、いい場面で終わったままここ七年ほど続編が書かれていない。出版社も読者も心待ちにしているのは間違いないところであるが、大沢に聞いても「もう売れそうもないからだよ」などとふざけるばかりで、はっきりとした理由は言ってくれない。ただ、「次のが出たらまた菊池さんのところでサイン会やりますよ」とは言ってくれていた。それができなくなってしまったのは心残りである。

北方謙三は、大沢と仲が良く、文壇のパーティのときはいつも一緒にいる。彼も何回も池袋本店でサイン会をしてくれているが、一番の思い出は山梨である。甲府駅前に巨大な山梨県立図書館がある。近隣にはリブロの店舗「よむよむ」が数店舗あるので、「駅前にそんなものとんでもない」と建設反対運動に名を連ねていたのだが、いざオープンしてみると作家の阿刀田高が館長に就任。

彼は、作家を呼んで頻繁に講演会をおこない、会場で売る本を地元の書店が順番に担当するという仕組みを作ってくれた。

その講演会に北方が呼ばれたとき、私も東京から同行させてもらった。講演の後サイン会をし、さらに会場を移して地元のワインを飲む会まで、結構ハードなスケジュールであったが、北方は常に笑顔で、ワインパーティのときも参加者とにこやかに会話を交わしていた。印象的だった。

読者を大切にし、出版界を守るためには努力を惜しまないという姿勢がダイレクトに感じられた一時であった。

リブロを辞めて浪人していたとき、他の書店で催される北方のサイン会に行ったら、固い握手をしてくれ、「この人が池袋のリブロで最後まで頑張った人です」と紹介してくれたのも忘れられない。

伊集院静にはイベントへの協力など、本当にお世話になった。サイン会も何度もしてもらったが、そもそもは、池袋本店が彼の作品をバカ売れする前から一生懸命売っていた姿勢に気づいてくれたのがきっかけだった。

伊集院のサイン会には様々なジャンルのお客様が来る。銀座のママ、神楽坂や浅草の料理人、麻雀のプロ・名人、競輪関係者……。それぞれがサインをもらう間楽しい話題がポンポン飛び出す。脇に立って手伝いをしていても、笑いが絶えず、私も話に参加させてもらうことも度々だった。

平成二三年（二〇一一年）三月一一日、伊集院は仙台の自宅で被災した。地震直後に『大人の流儀』（講談社）発売。日本国民総自粛ムードの中、「俺が日本を勇気づけるんだ」とサイン会をいたるところで開き、歩き回った。まだ東京の電車もちゃんと動かず、東北の書店はまともな営業ができていないときからである。

その後出す作品すべてヒット。連載も一〇本以上抱えているが、遊びとサイン会と被災地訪問を忘れない。〝最後の無頼派〟などと言われるが〝無頼〟ではない。まさしく〝侠《おとこ》〟であり、熱い血と涙、優しい心を持った人である。

芸能系の方にもお世話になった。

一番印象的だったのは、マツコ・デラックス。

何回かサイン会をしてもらっているが、いつも早めに来店して準備を整える。マツコのイベントがあるときは池袋本店の事務所を開放していたが、化粧品や飲み物、おにぎりをキッチリと並べていたのも忘れられない。

回を重ねるにつれ、スタッフとも気楽に口をきいてくれるようになり、お気に入りのリブロの担当者もできて、事務所の扉を「こんにちは～、今日は○○ちゃんいる～」と言って開けるようになってくれた。

マツコのことを毒舌家で恐い人と思っている方がいるかもしれないが、実際は腰が低くて気配りのできる優しい人である。

私はゲストがお帰りになるとき、可能な限りお見送りをし、車の場合は駐車場までお供することにしていたが、「私のようなものにそんなに気を遣わないでください。お仕事にお戻りください」と言ってくれたのはマツコだけだったような気がしている。感謝・感動である。

閉店までの五年間に亡くなってしまった重鎮も多い。

作家逢坂剛の父で、挿絵画家の長老中一弥《なかかずや》が一〇四歳で亡くなった。彼が池波正太郎の小説の挿絵を担当していたことから、池波に紹介されたのが出会いであったが、「池波正太郎展」開催時には国宝級の古地図を無料で貸していただいた思い出もある。八〇歳を過ぎてもなお仕事と女性への情熱を失わない素敵なおじいちゃんだった。

そして、渡辺淳一も……。

渡辺の思い出は、何といっても自身の直木賞受賞四〇周年記念パーティ。建替え前の東京會舘でおこなわれたが、オープニングで銀座の美女一〇〇人以上をひな壇にずらっと並ばせた舞台に登場して、来客のど胆を抜いた。

そうそうたる作家が順番にスピーチした後、本人挨拶。あとは飲めや歌えになったが、会場のそこここに銀座のお嬢様が乱舞する渡辺らしいパーティであった。

また、村山由佳が『ダブル・ファンタジー』（文藝春秋）で、柴田錬三郎賞を受賞したときのスピーチも忘れられない。

その頃村山は私生活でも大きな変化があり、思い切ったタトゥを入れたばかりだったのだが、当日はタトゥを入れた胸を誇示するようなドレスを着て登場。

みな、ドキッとしている中、渡辺は「僕はねぇ、あのタトゥの下のほうも知っているけどねぇ……」と始めた。『ダブル・ファンタジー』はかなり激しい性愛描写があるのだが、その部分については「作家たるものここまで開き直らなければならない。そのために情熱的なタトゥを入れて作品に挑んだ姿勢は賞賛に値する。女流作家もこれからはここまで挑戦しなければ」と締めくくった。

渡辺は、直木賞選考委員のドン的存在で、恐い人と思われていたと思うが、実はそんなことなく、いつも気さくに話しかけてくれる方だった。

サイン会もずっとお願いしていたが、秘書の方が気に入ってらっしゃる書店があるようで、これは叶わなかったけれど、お目にかかるたびに「元気か？　今度は君のところで何かやろうな」といつも言ってくれていた。

最後になってしまった年賀状に「風邪が抜けずにやっと年を越した」と記してあったので心配はしていたのだが……、本当に「ありがとうございました」である。

ダンディでお洒落で、サプライズ好きで、恰好いい方だった。

そういう感じで、二〇一一年から二〇一五年、「とにかく〝接客日本一〟にチャレンジし、色々な仕掛けをして〝ディズニーランドのような書店〟を目指そう。店舗の存続はなるようにしかならないから」と前を向いて懸命にやった自信がある。

しかしながら、平成二六年（二〇一四年）夏、西武百貨店本部から最後通告の使者がやってくる。「来年で契約書に則り、賃貸借契約を終了する」ということであった。

莫大な経費をかけた改装に協力し、賃料条件も譲歩してきたのに。数々のイベントを展開し動員にも貢献したのに。他の大型書店が年五パーセント以上売上を落とす中、池袋本店は二〇一〇年から二〇一四年の五年間で落ち込みを三パーセントに抑えているのに。

「私どもに大きな落ち度があったとは思えません。改めるべきところがあれば指示してください。トーハンとの取引も不可能ではありません」と言っても、「契約終了の理由は申し上げられません。賃貸借契約書に則り……」の繰り返しだった。

私は実は「もう抵抗してもムダ。契約書に押印した瞬間に、この日のことは決まっていたのだ」と思っていたが、泥沼のような交渉は冬まで繰り返された。

リブロの役員会で「もう仕方ないな」という結論が出たのが翌年一月。そこからは撤退の交渉に入った。

まずは、閉店をいつ公表するか。三月初めに社員に知らせ、翌日マスコミ発表、と決めてその他の条件を詰めていたが、どういうわけか前日に一部マスコミに漏れてしまう。社員は外からの情報で閉店を知るところとなり、たいへん申し訳ないことをしたと思っている。

翌日からまた驚かされたのが、撤退を知った内装屋、運送屋、引っ越し屋、古物商などの売り込み攻勢。商魂のたくましさとずうずうしさに脱帽であった。ただ、「池袋の代替物件探しますよ」の連絡もたくさんいただき、それはありがたいものだと感じさせてもらった。

閉店日は確定していなかったが、社員との面談を開始。みな早々に辞めていってしまうかと思ったが、ほとんどの人が「最後までやらせてください」と言ってくれた。これもうれしかった。

池袋本店の幹部を集め、「最後まで手を抜かず、仕掛け続けよう。お客様に喜んでもらおう」と告げると「もちろんです」と返してくれ、契約終了までのイベントスケジュール強化作業が始まった。

まず、統括マネージャーの辻山良雄がすばやい動きをしてくれた。「本棚から見る、リブロ池袋本店の四〇年」と題したフェアを一階人文書のイベントコーナー「カルトグラフィア」で。これまで四〇年の歴史をそのときどきのヒット作や事件、池袋本店のエピソードとともに振り返り、担当者手作りの年表も飾った。

隣接コーナーではセゾン文化財団の協力をいただき『堤清二・辻井喬パネル展』。堤（辻井）の日用品や生原稿なども展示した。

堤の肝いりの詩の専門店「ぽえむ・ぱろうる」の期間限定復活も辻山によるものである。「ぽえむ・ぱろうる」は、昭和五〇年（一九七五年）にリブロの前身西武ブックセンター開店と同時にブックセンター内にオープンし、平成一八年（二〇〇六年）までセゾン文化の中を共に走り抜けてくれた仲間。思潮社、石神井書林、模索舎に協力をいただき、当時の熱気を再現すべくコーナー化した。場所はカルトグラフィアの上の二階、五坪ほどのイベントスペースだが詩の古書やレア本も集め、六月二八日は谷川俊太郎が「ぽえむ・ぱろうる」の一日店長を務め、サイン会、朗読、読み聞かせ、トークショーと大活躍をしてくれた。

谷川は、西武ブックセンターの頃から「ぽえむ・ぱろうる」を愛してくれ、度々読み聞かせやサイン会をおこなってきてくれた。このとき御年八三歳。「おそらく最後の読み聞かせだよ」などとおどけていたが、若者からお年寄りまでたくさんの方が参加。「これで最後では読者が納得しませんね」の一言には笑顔で応えてくれた。もっともっと長生きして活躍を続けて欲しい人である。

そして、池袋本店のシンボル「光る柱」がある地下一階メインエントランスゾーンは、池袋本店の現役および元メンバーが選書し、池袋本店の思い出を綴ったPOPを付けた「ラストメッセージフェア」。私は参加を自粛させてもらったが、一二〇人以上があっという間に参加の意思表示。彼らの熱い〝リブロ愛〟にジーンとさせられた。

地下一階連絡通路では、ショーウィンドウを三つ使って、前回改装の二〇〇九年から今日に至る六年間に実施してきたイベント回顧展。従業員一同力を合わせて様々なイベントを展開してきたが、六年間で何と六〇〇本超え!! 占いや読み聞かせなど、ルーティンに近いものを除く本数であるから、二日か三日に一本はやってきたことになる。お世話になった先生やお取引先に大感謝はもちろんだが、改めてすごいスタッフたちと働かせてもらったんだなあと、こちらもしみじみありがたく思った。

イラストレーターで『ツレがうつになりまして。』(幻冬舎)のヒットで有名な細川貂々《てんてん》も、三月にミニ個展「本屋でてんてんてん」を開催してくれた。こちらは以前、街のギャラリーでやっていたものを「ぜひ本屋でやってください」とお願いして実現。細川の凝りようも半端でなく、著書の他に原画、コーヒー、一筆箋、陶器、ペンケース、ノート、がまぐち、ブックカバー、きんちゃくと盛りだくさん。売上もみな、目を見張るほどであった。

この頃、「『光る柱』を作家や著名人のサインで飾ってもらおうよ」ということになり、その第一号が細川だった。まだ何も書かれていない柱の前で「本当に私でいいんですか」と言っていた彼女の姿が眼に浮かぶが、細川が書いてくれたからあんなにたくさんのサインで埋まったのだ。感謝である。

この時期から閉店にかけて本当によくイベントをやり続けた。まずトークショーは、坪内祐三×内藤誠、椿昇×津田大介×長嶋りかこ、川崎貴子×二村ヒトシ×白河桃子《とうこ》、近藤聡乃×能町みね子、椹木野衣《さわらぎのい》×会田誠、武田砂鉄×白井聡、江口寿史×吾妻ひでお、赤木明登《あきと》×鞍田崇、上野千鶴子×高橋源一郎、甲野善紀×名越康文……。

ワークショップ系は、さくらせかい「読み聞かせ&パンダ帽子作り」、宮本えつよし「ワークショップ&読み聞かせ&サイン会」、木村太亮《だいすけ》「ちぎって作ろう楽描ワークショップ」「木のおもちゃを作ろう」、サトシン・田中六大《ろくだい》・きたがわめぐみ・丸林佐和子・ドーリーによる「ありがとう池袋本店！　絵本語って読みまショー」……。

サイン会は、篠原ともえ、福田萌、林真理子、眞鍋かをり、知念実希人&いとうのいぢ、谷川俊太郎&塚本やすし、大沢在昌、北方謙三。

これらの他にも、辞書引き学習講座、学習相談会、ルーティンの手相占い、読み聞かせ、と本当に盛りだくさん!! 我々の呼びかけに応えてくれた作家、版元、プロダクションの皆さんに感謝すると同時に、リブロの「接客日本一宣言」にある「わたしたちは最高の笑顔で売場に立ち、お客様をお迎えします」を最後まで貫いてくれたメンバーにも頭が下がる思いである。

結局、閉店日が決まったのは六月一日であった。

閉店日が確定する少し前から、「これ以上お待たせするわけにはいかないだろう」と商品部担当役員と一緒にお取引先回りを始めていた。閉店日が決まらない中、また後継の書店がどの程度在庫を引き継いでくれるのかも決まらない中、挨拶に回るのはたいへん心苦しいものであった。

またその頃、心ない一部のマスコミが「何十億もの返品が帰ってくる」と騒ぎ立てたものだから、最初のうちはその質問ばかり。

「申し訳ないですが、閉店日も在庫引き継ぎもまだ決定しておりません。閉店はおそらく七月か八月になると思われます。在庫引き継ぎは少しでもご迷惑をおかけしないよう全力を挙げて交渉します」と頭を下げるしかなかった。

一部の取引先には露骨にいやな顔をされたが、多くの方たちは事情を察してくださっていたようで、「その二点が決まったらすぐ連絡をください」と言ってくれた。地方・小出版流通センターの川上社長は「今まで頑張ってきたんだ。なるようにしかならないのだろうから……」とまで言ってくれる。

結局閉店日が決まり、在庫の多くを引き継いでくれることになるのだが、大きな書店の閉店は業界にとてつもない波風を立てるのだなと再度実感させられた。

そうしている間にも「光る柱」へのサインは増え続けていく。

細川貂々に始まって、サトシン、ドーリー、きたがわめぐみ、星川桂、矢原加奈子、谷川俊太郎、塚本やすし、永江朗、鎌倉幸子、丸林佐和子、古市憲寿、原武史、吾妻ひでお、江口寿史、高橋源一郎、上野千鶴子、山崎まゆみ、朝井まかて、堂場瞬一、誉田哲也、長友佑都、苗村さとみ、北方謙三、大沢在昌、薬丸岳、眞鍋かをり、木村太亮、齋藤陽道、木山裕策、真山仁、髙田郁……。

七月初め、世界の長友が突然サインに来てくれたのは大サプライズであった。聞けば「子供の頃から本を買いに来ていた」とのこと。サインに一言「感謝！」と入れてくれた。

朝井まかては「大阪人の私にとってもリブロは青春の書店でした!!」と、真山仁は「お世話になりました、その魂は不滅です」、堤清二と親交のあった上野千鶴子は「セゾンの時代が閉じる……」、髙田郁はサイン会でないのにわざわざ大阪から色紙と陣中見舞いを持って来店「感謝と祈りと」と記入、高橋源一郎は「リブロか……すべてが懐かしい……」、鎌倉幸子は「リブロは夢を探す場所であり、夢をかなえる場所でした」、永江朗は「ＬＩＢＲＯはいつまでもぼくの学校です。ありがとう」、ワハハ本舗娯楽座の星川桂は「リブロさんのおかげで本を出版できました!! 忘れません!」。

大沢在昌は七月八日にサイン会。「何度もお世話になりました」と署名。

北方謙三は何と閉店三日前の七月一七日、池袋本店の最後のサイン会に来てくれ、「光る柱」には「リブロで拾った青春」と書いてくれた。

そして最後のサインは、最終日に来てくれた漫画家・イラストレーターの江口寿史と歌手の木山裕策であった。

すべてを紹介できないのが残念だが、作家、著名人のサインは八〇を超えた。ありがたい、ありがたい、ありがたいことであった。

七月はとにかく慌ただしいが充実した毎日で、「一日も休みたくない。時間が止まってくれれば……」と思いながら働いたが、とうとう七月二〇日がやってくる。

当日の模様はプロローグで述べた通り。感動と感謝のフィナーレであった。

翌日、残務整理は本日から、ということでみな早めに出勤をしたが、昨日までのリブロはすでに工事用の仮囲い壁に囲まれていた。しかもその壁面は後継書店の開店予告ポスターが

「光る柱」にサインする長友佑都氏

感謝!
リブロ池袋店さん
長い間ありがとう!
6.29
BOOKS

ビッシリで呆然。

さらに、その壁の前に立ってお客様からの問い合わせに対応せよとの要望が西武百貨店から……。いまさら温情なんて期待しないが、西武流、たいしたものである。

とりあえずコンシェルジュを経験したことがある人間を立たせたが、「切なくてやってられない」と泣きついてくる。さすがに私も我慢している場合ではないなと思い、西武百貨店の社員に替わってもらうことにした。最後の最後まで……、悲しい思いであった。

作業途中、リブロ二代目社長市原穰の訃報が飛び込んできた。市原は一九九四年から二〇〇一年にかけて社長・会長を務めてくれた人で、リブロの経営基盤を作ってくれたと思っていることは既述した。

そんな市原が池袋本店営業終了の翌日に亡くなるなんて。彼も最後まで戦ってくれていたのであろう。「気合を入れ直して新しい店を作るんだぞ」と言われているような気がしてならない。「お世話になりました。ありがとう市原さん……」と皆で頭を下げた。

閉店後何日間かは在庫の引き継ぎ、棚卸し、事務所整理、備品撤去などで忙しく過ごしたが、店舗の明け渡しが済むと、とてつもない喪失感に襲われた。私は自分の本はほとんど池袋本店で買っていたし、毎朝昼晩全体を巡回して歩くのが習慣になっていたから、どこに何があるかはほぼ頭に入っている。可愛いペットや家族が突然いなくなってしまったような感覚だった。これからどこで買えばいいのだろう。他の大型店をのぞいてみるのだが、並べ方や分類がなじまない。書名を見ても著者名を見てもまるで響いてこない。「本を買うという行為、読むという行為」がパタッとできなくなってしまった。

池袋本店の棚作りが他より勝っていたなどと言うつもりはないが、行きつけの本屋を失うということはこれほどのショックなのだということを思い知らされた。間違いなく活字中毒者だったのに、全く読みたいと思わないのだ。

通勤の行き帰りはスマホである。SNS、ゲーム、時間はあっという間に過ぎていく。それがルーティンになれば、新聞や雑誌、本など読まなくなるのは当然だと実感した。

そういう状態が一か月ほど続いて、読まざるを得ない本が出現し、読み始めてみたが全く頭に入ってこない。以前は文芸書なら一日一冊以上読む術を身につけていたのだが、少しばかり読書から遠ざかっていただけで頭が錆びついてしまったようだ。

恐ろしいと感じた。リブロの他の店に行ってみたが、やはり買う気にならない。

家にあった伊集院静と北方謙三のエッセーを手に取った。二人とも池袋本店を愛し、心配してくれていた人だけに、その人生相談的内容が心にしみた。本ってやはりいい、読書を続けることは大切だ、なじみの本屋ってなくなってはいけないと改めて思った。

書店ゼロ自治体が四二〇になり、全国の書店数は平成一二年（二〇〇〇年）に二万店を超えていたものが、今は一万二〇〇〇店程度。私と同じ思いをした人も少なくないだろう。

欲しいと思う。

「愚直に本を集める本屋です」と言っていた書店も経営は苦しいようだが、何とか頑張って

私は、池袋本店を明け渡した後、本部で営業本部と外商部担当に戻った。船が沈むのと同時に私も身を引こうと考えていたが、西武百貨店との諸々の交渉が終わっていなかったし、何より再就職先が決まらない従業員の行き先を一つでも確保しなくてはと思い、残ることにした。親会社に協力してもらったり、後継書店にも採用をお願いし、版元にも呼びかけたりしたが、全員の行き先を決めることはできなかった。

「○○で元気にやっています」などと今も連絡をくれる人もいるが、消息不明も多い。「池袋で復活できるときは目一杯告知するから、帰っておいでね」と言って別れたが、私にとっては社会人人生の中で最大の痛恨事であったことは間違いない。

結局、諸々の書類、契約書、覚書、在庫移動や諸経費負担金額の確定ができたのは平成二八年（二〇一六年）の一月であった。リブロは二月末が決算である。全社棚卸しをし、翌期経営計画が出来上がるのを見届けて、社を辞することにした。

「残るべき」と言ってくれる人もいたが、あれだけ歴史のある大きな店を閉めることになってしまった責任を誰かが取るべきだと考えていた。たとえ私が意図しない事象がそのプロセ

スにあったとしても、最後の責任者は私である。
地位に恋々とする気持ちはなかった。

第5章

これからの書店人へ

悩み三題

「定期建物賃貸借契約」（以下、定借と言う）は、平成一二年（二〇〇〇年）に借地借家法が改正されてできた契約形態である。従来の「建物賃貸借契約」においては、賃貸借契約の期限が来ても貸主に正当な事由がなければ、借主は立ち退きを拒絶できたのだが、定借にすると期限が来れば貸主は借主を追い出すことができるようになった。

今や、大型商業施設へのテナント出店はほとんどこの契約形態となり、様々なトラブルが発生している。元々は、賃料不払いや老朽化した店のメンテをしようとしない悪質借家人の居座りを防止する意図でできた法律だが、今は貸主であるデベロッパーが自由にテナントを入れ替えるための手段として使われている感が強い。

我々も池袋本店以前に、お互いの信用・信頼が篤かったあるデベロッパーに「契約通りで追い出すような不実なことは決してしないから」と定借への切り替えを頼まれ応じたところ、そのデベロッパーはライバル会社に買収され、結局期日通り追い出された苦い経験がある。

そんな経験があるのに、なぜ信頼関係が十分でない西武百貨店とあのような契約を結んでしまったのか、今でも不思議でならないのだが……。

定借は、今や良心的に地道に商売をしようとするテナントにとっては大悪法と言っていいだろう。この制度が導入される前に複数の弁護士に相談したが、「すぐ追い出すようなひどいことはしないだろう」「デベロッパーが有利になった分、敷金や賃料が下がり工事負担も軽減されるはずだ」といった楽観的な意見が多かった。ところが、いざ始まってみると出店希望の多い商業施設のデベロッパーは強気一辺倒。経済条件や工事負担の軽減などとんでもない話で、なおかつ定借を飲まなければ契約しないという姿勢はもう崩れそうにない。

定借は契約期間を三年と設定しているケースが多いようだが、三年では小スペース、思い切り軽微な内装・什器、少量の初期商品という形でなければ出店および投資回収は難しい。

それは、女性向けの雑貨ショップや下着屋を見てみれば明らかである。商業施設内では入れ替えが頻繁であるが、商品を撤去すれば一時間もかからないで撤退できる造りだ。彼らは、商売継続の可否を数か月単位でウォッチしていると聞く。

しかし書店において、それはまず不可能。中には六年以上に設定してくれるデベロッパーもあるようだが、それでも資産償却は七年〜一五年かかるわけで、商売が順調にスタートできたとしても二、三回の契約更新はして欲しいところだ。

まして今の時代、そうそう好調なスタートを切れるわけではない。かつての大店法時代、五〇〇平米以下の縛りがあった頃＝文教堂などが一五〇坪級のロードサイド店をバンバン出していた頃は、スタート時の月商で坪当たり一五万から二〇万円を想定できたが、今じゃロードサイド単独出店は愚行と化し、集合商業施設内でも坪当たり一〇万円程度、五〇〇坪以上級は一〇万円を切ると試算しておかないと大やけどをする。書店の支払い可能賃料は売上の六パーセント。とすると坪当たり家賃は六〇〇〇円まで……。有名商業施設や有力デベロッパー物件には、もう少し無理をしなければ出店できない。そして無理して出店しても、三年で出ていけと言われた日には、泣きっ面にハチどころかヘタすれば倒産一直線である。

さらに、これに追い討ちをかけているのが「減損会計」だ。黒字の出ていない店舗にはつぶれてもいいよう引当金を積んでおきなさい、というものでアメリカ指導の国際会計基準なるものの一つらしい。これも日本流には全く合わない不良システム。かつてのリブロと西友のように、「基本的に、良い物件も悪い物件もすべて出店しましょう。店ごとにプラスマイナスが出るけどトータルで考えてお付き合いしましょう」という約束ができにくくなる。そして、お互いに目先の利益ばかり追いかけ、長期的な発想に基づく付き合いがなくなり、ちょっと売上が落ちればデベロッパーとテナントの関係は即ギスギスするという現象を生み出している。

さらにさらに小売をいじめるのが、「資産除去債務」である。これは、撤退するときの費用も引き当てておけというもので、こうなると資金力の乏しい会社、利幅が少なく投資回収に時間のかかる業種はどんどん出店しづらくなる。そして、それが進むと（すでにそうなっている傾向があるが）、どの商業施設も同じようなテナント（ショップ）の集合体になり、個性ある店がなくなってしまう。今注目のデパ地下がその象徴だ。色々な食のショップが入っているように見えるが、実態はどのデパートも同じで、じいちゃん・ばあちゃんがやっている惣菜店や豆腐屋などすでにどこにもない。それでもいいのだろうか。

リアル小売をいじめ続ければ、ネットショップがますますのさばるだろう。デベロッパーもテナントに厳しくし過ぎるのは自らの首を絞めるのと同じであることに気づくべきである。すでに郊外型の商業施設でテナントの空きが目立ったり、潰れてしまったものがドンドン出てきている。

シャッター商店街の二の舞だ。リアル店舗がなくなり、ネットが独占する未来は見たくない。人の手から手への温もりを否定するような行為は破滅への入り口のように思う。何でもかんでもアメリカ流に隷属する必要はないはずである。

経費的には、最低時給のアップも痛い。厚生労働省の諮問機関である中央最低賃金審議会が平成二四年（二〇一二年）七月に答申したところから始まっていると記憶しているが、何度か更新され、東京都は一〇〇〇円超の区もある。

これに違反した使用者は最低時給との差額に加えて五〇万円以下の罰金を支払わなければならないという。全国の中小小売店が、どこまで対応できると考えているのだろうか。特に書店は不可能なところが多いと思われる。

前回の選挙のときも、複数の党が「最低時給一〇〇〇円を目指す」と言ったような気がするが、それは少しは景気がよくなってから、特に個人消費がアップしてからの話だと思っていた。

延々と続くデフレを脱却するには、まず給料を上げ、可処分所得を増やして、それを消費に向けさせることだと言うが、それは日本国中すべての企業が好調で、上がった利益を従業員に回さずに内部留保しているという場合に可能になることであろう。そうでないこんな状況下で消費税ばかりか時給も上げるというのは、より一層景気を悪くする材料になってしまう気がしてならない。

リブロも全国展開しているので地方の求人記事をよく目にしたが、最低時給を下回るものが堂々と存在していて、規定以上の条件を提示せざるを得ないリブロが記事を出すと応募者が殺到するというのが常であった。地元に残りたいために最低時給以下の条件で働いている人がいることも事実だし、「これ以上払えないんだ、何とか頼みますよ」という気持ちで募集をかけている地方企業・商店があることも日本の実情だったのである。

また、周りの時給が上がったために飲食業やコンビニで人が集まらないといった現象も出てきていると聞く。たしかに日本語が上手でない外国人労働者も目立ってきている。

企業で支払いできる人件費には限界があり、人件費＝時給×時間の構造は変わらないのだから、時給を上げるのなら時間を削る（＝人を減らす）というのは経営者なら当然考えることで、結局労働者が手にする賃金総額はそんなに向上しないということは明白である。

リブロは、中国やミャンマーをはじめアジアからの留学生を何度か迎えているが、中国人の平均月収は三万円程度だと聞く。日本に留学してくるような人たちにはもっと洋々たる未来が開けているのだろうが、やはり人件費コストとしては日本の経営者の目には魅力的に映るだろう。ミャンマーあたりは月収が中国の三分の一程度、しかも日本に好意的で純朴だそうな。

海外に生産拠点を置く融通の利く企業はドンドン日本から離れていき、書店のように融通の利かない企業が日本に残って労使ともに賃金で苦しむという方向に行っているように見えてならない。最低時給倒産しかねないのが書店であるということを認識して欲しいと思う。

さらに頭が痛いのがレジ、と言うよりＰＯＳシステムである。リブロは、百貨店、スーパー、ショッピングセンターに多く出店しているが、実はレジ操作が結構煩雑なところがあり、悩みの種である。

リブロが使用している自社レジ（ＰＯＳ）とデベロッパーが設置を義務付けるデベロッパーレジ間の打ち替えがややこしい場合が多いのである。

現金・クレジットカード・プリペイドカード・ポイント付与・外商回しなど、レジ打刻手順がたいへん複雑で、アルバイトは入社二週間くらいはマンツーマンで付かないと、とても恐くて一人でレジには入れられない。

そもそもレジは、現金とつり銭を管理する機械で、その昔のガシャポンレジは「よ・き・み・せ・さ・か・え・る」の八分類と「掛」のボタンがあるだけで、書店の場合、そこから先はスリップで管理しましょう、という仕組みだった。

そこに電子化の波が押し寄せ、メカレジがレジに進化した後、リアルタイムに単品の売上と在庫状況がわかるＰＯＳシステムが登場し、レジはＰＯＳになった。

このＰＯＳ、デベロッパーもテナントも各社・各業界がてんでばらばらに開発したため全く統一の取れない状態となり、それを今も引きずっているのだ。ＪＡＮコードやＩＳＢＮが読めなかったり、Ｃコードがいい加減に付けられていたり、携帯以上のガラパゴス状態で、喜んでいるのはシステム業者だけなのではないだろうか。

デベロッパーのレジがＩＳＢＮや二段バーコードを読めれば問題はかなり片付くのではな

いかと思い、ある百貨店に依頼したところ、すんなり通って楽になったことがあった。たまたま先方の資金に余裕があり、新システムに切り替えるタイミングであったので上手くいったのだが、次のシステム入れ替えのときには開発費が高いからということで元に戻されてしまった経験がある。

そう、システムは一回入れたらずっと使えますというものではないのだ。そうしなければシステム業者が儲からないからなのではないかと疑いたくなるが、「もう使えなくなります。このレベルではセキュリティ保障できません。他社とつなげなくなります。サーバーが満タンです」と言われれば更新せざるを得ない。これがまた億単位で経費が必要になる。

この問題、解決しましょうというメーカーはいないだろうか。一台完結型、特にデベロッパーのレジ一台で済むのならば、みな大喜びするはずだと思うのだが……。

最近はレジ機能やある程度の単品管理がタブレットでできるようになってきて、それを上手に使っている小型単独書店も増えているようだ。ついこないだまで手作業でやっていた単品管理、小さな店で大金をかけないでやる方法は確立されていくのだろう。

「システムだけに頼っているとなかなか商品知識もつかないけど」とも思うが、システムなしではやっていけなくなっているのも事実である。とは言え、いくら大書店といっても、言い値を出せる時代ではない。何とかこちらも安価で開発して欲しいものである。

というように、売上減はもちろん、様々な厳しい状況に置かれている書店であるが、生き延びるための複合化に色々とチャレンジしている様子が見られる。これからどうなっていくのであろうか。

すでに、文具・雑貨やカフェは当たり前のようになっていて、家電屋やコンビニ、めがね店を併設しているところまである。

複合化について

池袋本店は昭和五四年（一九七九年）の時点で、一〇階から一二階の三層で展開していたが、一〇階は本売場以外に、大型レコード売場「ウェイブ」、演劇専門店「ワイズフール」、トークショーやミニライブができるカフェ「シティ」があった。

一一階には、詩の専門店「ぽえむ・ぱろうる」と、窓越しに池袋西武の屋上や街を見渡せるカフェ・レストラン「フィガロ」、理髪店「セビリア」があり、一二階は、西武美術館と洋美術書ショップ「アール・ヴィヴァン」があった。まあ百貨店の中なのだから当然という声もあるかもしれないが、この時代ここまで複合化していた書店はなかったはずである。

しかし、その後美術館の移動などで度々リブロの売場も変更になり、その形を最後まで保つことはできなかった。なぜか？　答えは簡単。すべての複合売場をリブロが運営していたわけではなかったからである。

時を経て店舗開発担当や新規事業担当をやらせてもらったが、書籍事業以外で何とか成功したなと思えるのは、生活雑貨のセレクトショップ「ｍｉｏｍｉｏ」と、結局閉店してしまったがライブもできるカフェ一店舗（福岡）のみである。「ｍｉｏｍｉｏ」は専任担当者を決め、雑貨業界にいた人材を採用するなどして、書店のサイドメニューでなく事業の柱とするべくチャレンジを続けた。

成功したカフェも経験者を雇い、メニュー提案をしてもらって皆で試食し討議を繰り返しながら前進。ライブについては博多駅前や天神周辺のストリートミュージシャンの中から店のテイストに合いそうな人を自らスカウトして実施した。

はっきり言おう。いつまで、複合化＝書店＋アルファだと思っているのだろうか。今のままで、書店が好転するとでも思っているのだろうか。我が店がどうしようもなくなったとき、それでも本にしがみつくのだろうか。

本にプラスでなく、しっかりとした柱になる事業を確立させて、本をプラスにしなければならない時代になりつつあるのは明白である。しかしながら、本気でそれを考えている書店、取次は少ないような気がする。のんびりしている時間はないはずだ。

カフェやコンビニをとりあえずＦＣでやって……なんてのも手ぬるい話である。私も直面した経験があるが、初期投資と契約年数でフランチャイジーを縛り、極限までの本社利益を追求するのがフランチャイザーである。

企業としてフランチャイジー契約をし、その担当事業部でも立ち上げて正社員二名も付けたら、超優良店舗を五から一〇店立ち上げなければ利益など出やしないのだ。

ファミリーマート出身のリブロ二代目社長市原が、「新規事業担当はジーになることを考えるより、専門家をスカウトしてこい。スカウトするなら一流を連れてこい、そのための金を惜しむな。ザーになれる商売を考えろ」と言っていたのを思い出す。

市原の時代には不良子会社の処理があって、劇的には進展しなかったが、上記の福岡のカフェは市原に教えてもらいながらやってみたことであった。「ｍｉｏｍｉｏ」も四代目社長の早見がリードして何とか形にしたが、残念ながら、その後リブロの中でも新しい芽は出てきていないように思う。

文具・雑貨も同様である。自分たちで吟味せず、取引先が進めてくるセット商品を漫然と並べているだけで差別化だ、複合だと思っていないだろうか。ほとんどの店で文具・雑貨の坪当たり売上は、書籍のそれを下回っているはずである。

やるなら、部分的でもいいからロフトやハンズに勝る〝ウリ〟を表現できなければ、ムダな投資で終わるであろう。

しかしながら、素人が自分の感覚に頼って仕入れを続ければ、あっという間に不良商品の山ができるという側面もある。ロフトですら、顧客ターゲットの設定や品揃えコンセプトにひずみが生じて、数十億の商品がデッドストック化し、まとめて処分せざるを得なかったことがあったという。それを乗り越えて道を極めようとしなければ、ロフトはいまだに百貨店内の売れない趣味雑貨売場であったのかもしれない。

「紙の本はなくならない」とか「書店はなくならない」とか言うが、レコード業界を見ればたとえ生き残っても、残るほうが少数なのは明らかである。残念なことだが、おそらく書店はもっと淘汰されていくだろう。

実験的な複合化、いつまでも結果が出ない複合チャレンジ……。本腰を入れてできないものを長々と続けても仕方ないのだ。

まして、大きめに売場を借りて他社へ又貸しするようなやり方ではいくらも儲からず、次代を背負う事業には成り得ない。

例えば坪当たり賃料を二〇〇〇円乗せて転貸しても、一〇〇坪やって月二〇万の収入。アルバイト一人分の人件費が賄えるかどうかのレベルである。大金をつぎ込んで不動産業をやるのならまた話は別であるが、これではせいぜい〝安アパートの大家〟で終わりである。

有隣堂が様々なチャレンジをしている。数年前、小田急百貨店新宿店本館一〇階に出店した「ＳＴＯＲＹ ＳＴＯＲＹ」は、本一二〇坪、雑貨六〇坪、カフェ（レストラン）四〇坪。

カフェメニューはリーディングスタイルの指導を仰ぎ、また楽天とも連携して店内にＫｏｂｏを置いて様々な活用をするというふれ込みであった。その後カフェはいつ行っても混雑している様子であるが、本があまり売れないと聞くし、雑貨もキャラクター物のコーナーを作っているものの、盛況感はない。

キャラクター雑貨はたいてい買い切りな上、常に新商品が出るのでデッドストックが出やすい商品。生半可な気持ちでは取り扱えないものだが今後どうしていくのだろうか、やはり気にかかる。

一方、平成三〇年（二〇一八年）東京ミッドタウン日比谷にオープンさせた店には、本はほとんどと言っていいほどない。めがね屋「ＣＯＮＶＥＸ」、アパレルの「Ｇｒａｐｈｐａｐｅｒ」、理容室「理容ヒビヤ」、居酒屋「一角」の他に雑貨やカフェを集め、「ＨＩＢＩＹＡ ＣＥＮＴＲＡＬ ＭＡＲＫＥＴ」と名付けて運営を開始している。

クリエイティブディレクターの南貴之に知恵を借り、有隣堂の次代を担う松信健太郎専務が仕掛けているものだが、成功するか否かは別にして、今はこれくらい冒険しなければダメだと思う。

同居している他業種はすべて自営だと聞く。この心意気、この気合であろう。全部分が好調を続けられるか心配なところもあるが、早く次代の柱になるものを見つけてくれればと思う。

池袋本店のラストまで、統括マネージャーとして頑張ってくれた辻山良雄は、今、荻窪で「Ｔｉｔｌｅ」という小さな書店を営んでいる。

ＪＲ荻窪駅から徒歩一五分ほど離れた街道沿い。古民家を改装した二階建ての店だが、二階はギャラリー、一階は特色ある品揃えの書店と小さなカフェ。もちろんすべて自営であるが、そのほのぼのとした空間は十分な安らぎをくれ、これ以上の複合はいらないと思わせてくれる。

オープンして二年。奥さんがカフェを担当し、たまにアルバイトを使って店を切り盛り。ネット通販も手がけ、書評を書いたり、本のセレクトアドバイザーも務める。本人は「何とか暮らしていける程度」と言うが、この形、小書店が生き延びる道を明示していると思う。何かと金がかかってしまう大型店より、このほうが正解なのかもしれない。

いずれにしても、単純に本を並べて客を待っているだけではダメな時代である。「経営が苦しいから、書店の利幅を上げてください」とお願いしたり、ダダをこねていてもおそらく何も変わらないだろう。重ねて言うが、これから書店は生き残るほうがますます少なくなっていくのは間違いない。差別化をすること、本腰を入れられることを見つけて複合化すること、自分の店がだめになっても食いつなぐすべを探すこと。多くの人がそれに気づき、すばやく着手すべきなのである。

一方、公共図書館と一緒に書店も出るというケースも増えてきている。

平成二五年（二〇一三年）佐賀県武雄市図書館が、カルチュア・コンビニエンス・クラブ（CCC）を指定管理者にして、TSUTAYAとスターバックスを併設して改装オープン。良きにつけ悪しきにつけ様々な話題を呼んだことは記憶に新しいが、その後もこういった出店は続いている。

最近では、山口県徳山駅の商業施設の中に図書館がオープンして好調と聞く。色々と調べてみると、地方の商業施設でテナントが抜けたところに図書館が入るケースも珍しくなくなってきているようだ。

また、小学校や中学校を統合するときに図書館も同じ敷地内、もしくは隣に建て直すケースもある。エリア再活性化の核に図書館をと考える自治体が多いのは歴然たる事実のようである。

そして、兵庫県明石市や埼玉県桶川市では図書館・書店の一体型でなく、運営はそれぞれ別だが隣接して一体感を出す方向でうまくやっているという話も聞こえてくる。商業施設のデベロッパーとしてみれば、書店単独の集客力が落ちているので、そんな組み合わせも考えるのだろう。公共図書館は民間のテナントより撤退したり倒産したりする可能性は低いのだから当然と言えば当然である。

公共図書館側としては儲ける視点は持ちづらいかもしれないが、「多くの人に来ていただき楽しく豊かな時間を過ごしてもらおう」と考えるなら、やはり単独より複合のほうがいいだろう。

隣に書店があれば、再三指摘を受ける複本問題や文庫所蔵問題も緩和されるのは間違いないところであろう。借りたい本が貸出中の場合も、「お急ぎでしたら、隣の書店で販売もしておりますが……」と一言言えるのは、図書館としてもうれしいはずである。

ネットや電子書籍についても頭の痛い問題で、もはや書店が単独で新規開発したり、参入したりするのは困難であろう。今考えると、日本全体が初手から対応を間違っていたと思う。外国からやってきた巨大資本には、各社バラバラに対応するのでなく、団結して対抗できるものを作るべきだったのだ。ましてや先を競って「取引させてください」と尻尾を振るべきではなかったのではなかろうか。

今から団結を実行するのはかなりの困難が伴うと思うが、取次とてこの出版不況の中、自社の状況を好転させる何かをしなければならないところに追い込まれているはずである。大取次が結束して勝負を挑むのはこれからでも遅くないような気がする。

ネットショップについては、今や中小独立書店のほうが取り組みやすいのかもしれない。セレクトした商品（何でもかんでもではダメだ）を販売代行してくれるサイトは、優良なものがたくさんできており、そこを利用すればよい。前述の「Ｔｉｔｌｅ」もそうして売上を伸ばしている。

電子書籍は、海賊版の規制など、国を挙げて取り組まなければならないような状況になっているが、今から書店が中に割り込んで利益を得ようというのは難しいだろう。

国内産電子書籍専用端末が数社揃った頃、池袋本店でもデモ販をやったり、電子書籍の販売にチャレンジしてみたりしたが全くダメであった。結局はスマホ利用に落ち着くのだろう。そうなるとますます書店が間に入るのは難しい。自ら作家を発見し、育て、オリジナルレーベルを創出するくらいの覚悟がなければ無理である。

やはり紙の本とは別物と考え、紙の本一冊一冊を丁寧に売ることを考えたほうがいいのかもしれない、と弱気になってしまうが……。

今や教科書まで電子化を検討される時代である。しかし、おそらくそれは音が出たり、動画になったり、キーを押したりというものになるだろう。

紙の本を静かに開き、熟読して頭に入れる、あるいは物語の世界に入り込んで想像を巡らすといった行為は貴重だと思うが、そういった習慣を身につけずに大人になっていく子供、恐ろしくないだろうか。国立情報学研究所の新井紀子が『ＡＩ vs. 教科書が読めない子どもたち』（東洋経済新報社）で指摘している通りである。

そこは書店が一踏ん張りしなければなるまい。日本の文化を守るためにも、何か複合要素を見つけて生き残ろうとすること＝本屋の矜持の見せどころだと思う。

数年前、アメリカのポーツマスで、ネットや電子にやられた個人書店が撤退を決めたところ「支援するから閉店するな」の声が相次ぎ、出資を名乗り出たのが一三人。寄付も相当集まったそうだ。結局家賃の安い店舗に移り営業を再開したのだが、本の引っ越しは窮状を聞いて集まった近所の住民一六〇人のバケツリレーでおこなわれたとのこと。これはこれで、うれしいような、情けないような話だが、デジタル消費の火付け役であるアメリカ人の中に、やはりリアル書店は必要だという動きが出てきたことは喜んでいいのかもしれない。アマゾンもリアル書店を開き始めている……。負けるわけにはいかない。

商業施設の金太郎飴化

出版業界の長期低迷状況を見て、テナントから書店を外す商業施設も増えてきているように思う。面白みのない世の中になったものである。

一つの商業施設は様々な業種の集合体であり、それぞれのテナントの収益率も違う。特に書店の収益率は小売の中で最低である。そういった点を鑑みず、効率ばかりを追求すればおのずから集められるテナントは限られ、どの商業施設も似たようなラインナップになってしまうのは当然であろう。

一時代前のデベロッパーのテナント担当には、必ずそういったバランス感覚があり、どこにもないオリジナリティを追求しようとする根性を備えていたと思う。

例えば、ある雑貨ショップが中心になっておこなっているテナント交流会があった。最初は限定的な集まりであったが、業界に関係あれば知人を連れてきてもいいということになり、様相はガラッと変わった。名の通った商業施設のテナント付け担当が続々と参加するようになり、また個人商店に近いような特色あるショップも加わってきたのだ。

堅苦しい会議形式にせず、最初から立食パーティ形式だが、積極的に名刺交換しその場で商談を始めるケースも……。

こういう努力は、デベロッパーだろうがテナントだろうが、開発マンは必ずやっていたものだ。

今はどうなのだろう。一々名前は挙げないが、郊外型のショッピングセンターはどこも同じに見えて仕方ない。

地下は金がかかるから、まず掘らない。売場はせいぜい四層まで。真ん中にメイン通路を持ってきて、その上は吹き抜け。一階の端に食品売場（スーパー）、化粧品やドラッグストア、高い賃料を出してくれるアパレル。二階三階は、どこも似通ったアパレルや雑貨を適当に散らし、四階はレストラン、フードコート、ゲームセンターに映画館。外看板を見なければばどこの商業施設だか見分けがつかないものばかりである。

巨大百貨店で売場をもてあましているところも同様。家電屋や家具屋、おもちゃ屋、ファストファッションなどにドカッと転貸・地べた貸し。

さらに都心に最近オープンした店は、吹き抜けを設けているところが多いが私はムダだと思う。床を張る経費を節約しているのか、数多くのテナントを集める自信がないのかわからないが、「すばらしい！」「うれしい！」と感じてくれるお客様はいるのだろうか。

ネットショップがますます力を増そうとしている今こそ、ワクワクする・楽しくなる・また来たくなる・遊園地のようなリアルショップを作らなければならないのに、このままでいいと思っている開発マンはいないと思うのだが……。

私が店舗開発を担当している頃、あるデベロッパーにこんな提案をしたことがある。

「多層階の地下一階は食品、最上階はレストランという線は外せないと思うけれど、思い切って一階に書店を持ってきてはどうか、化粧品売場って上のほうでもいいんじゃないかなあ。そんな商業施設他にはないし、一階であれば書店でも少しはマシな賃料も払えますよ」

相手の担当者は、「面白いと思うが自分が先例になる勇気はない」と言ってきた。

「でも、エリアにないビッグブランドを入れるときは、ほとんどタダに近い賃料で入れるんでしょ。そういうことを考えたらこのプラン検討する価値あると思うけど」と返したが、結局いい返事はもらえなかった。

多層階の商業施設に買い物に来る人は食事をしに最上階に上がり、その後各フロアを巡りながら下層へ降りてきて、最後に食品を買って帰るのが標準的行動パターンである。

食品はかさばる、重い、そして鮮度が気になるなどの理由で最後になると思われるが、書籍も軽いものではない。一階に置くことで買いやすくなると同時に、特色ある商業施設に変化すると思うのだが、どこかやってみるところはないだろうか。

書店に限らず、要は多層階の中間層をどうアレンジするかだと思う。平気で金太郎飴施設を作り続ければ、人々はもっとネットへ流れる。今までの常識をぶっ壊すビッグチャレンジを期待している。

ブックフェア、返品率

返品率には一時期本当に苦労させられた。返品率を下げることに何ら異議はないのだが、取次が返品率ダウン強化を宣言した頃、現状を見直そうと現場に入り込んでみると、様々な事象が見えてきた。

新刊の仕入れを控え目にしたはずなのに、入るはずのないジャンルの新刊が大量に送り込まれていたり、冊数指定などしていないのに指定短冊がついて知らない本が入ってきたり、定期改正や配本ランク変更を申し入れても一向に変化がなかったり……。「本部一括手配」を騙ったり、番線印をコピーして使う版元がいることも判明した。

版元営業マンとの〝付き合い一覧表発注〟は禁止しているし、発注数と売れ行きのバランスは当然日々管理し適正在庫を持つようにしているのだが、色々と策を弄して送り込まれてくるものの搬入は防げなかった。

取次が急に強気になったのでその反動もあったと思うが、池袋本店のメンバーは返品作業のむなしさを実感していたし、「売れなかったら返せばいい」的思考はすでになくなったと言いきれる状態だったので非常に腹が立ったものだ。

さらに、色々ときついことも言われた。

特に我々は、親会社が日販ということからなのだろうが、「日販から命令されてやってるんだろう」とか、「新刊の注文が少ない」「単品仕掛けの発注が少なくないか」「子会社は他の書店より返品率目標達成の報奨金が高いんだろう」と散々だった。

これはひどい誤解だなと思い、業界誌に書かせてもらった。


私たちは、返品報奨を目指して日々の商売をおこなってもいないし、日販から強制的にやらされてもいないということを理解して欲しい。返品が業界全体のコストアップをしていること、無駄に支払っている経費が多いことを考えると当然取り組まなければならない課題と認識して自主的に取り組んでいるわけで、はなから報奨金に横面をはたかれてやっているわけではないということ。親会社だからどうのこうのでなく、本件に関しては日販の主張は正しいと思ってやっているということを。

また、何でもかんでも仕入れを少なくしようなどとは思っておらず、勝負するものは勝負する、売上を向上させることが返品率を下げる大きな要因であるということもよく理解して取り組んでいるつもりである。新刊は過去のデータをもとにして適正と思われる冊数を注文しているし、単品仕掛けも同様だ。

ただし、無駄と思われる発注や配本はカットしてきた。返品の内容を調べると驚くべき現実が続々と露呈してきたのだ。版元の営業マンにいい顔したくて一覧表発注した商品で返品に回らないものはほとんどないこと、何回新刊配本パターンを切っても取次が必ず入れてくる版元があること、新刊ルートでなく注文ルートで（番線印を勝手にコピーし）新刊を入れ続けている版元が数多くあること、等々である。また、我々の側でもまだまだ「注文して売れなかったら返せばいい」という感覚の社員が少なくなくて、取り組み当初はずいぶん苦労した。そしてそのあたりを丹念に丹念に改善依頼や指導を続けると、自然に「返品率」は下がっていったのである。

売上が減ることもなく、むしろ池袋本店は昨年度、前年実績クリアを続けることができている。商品在高も減り、在庫金利も減少。棚不足も史上最小を記録することができた。

結論を言ってしまえば、「返品率低下」は健全なダイエットに似ているのではないかと思う。ダイエットをしようとするとき、いきなり無理やりに食事を摂らず、サウナに入り続けるようなことをする人はいないであろう。規則正しい生活をし、暴飲暴食を慎んで適度な運動をするところから始めるのが常道でないだろうか。「規則正しい生活」は計画的な売場運営、「暴飲暴食を慎む」は無謀な仕入れをしない、「適度な運動」は継続的な販促活動にそれぞれつながるような気がする。体にいいことは、経営にもいいと言えるのかもしれない。

とは言え、売上のあまり期待できない「提案型のブックフェア」は仕入れた商品の半分も売れたら大成功の部類であろう。そのフェア単体だけを見ると返品率五〇パーセントオーバーである。が、この類のフェアをやめてしまおうとは思っていない。日頃、読者があまり目にしない本を提示したり、色々なテーマや切り口で様々な提案をするのはリアル書店の特権であり、「やらねばならぬこと」であると思っているからである。版元の皆さんにも、今後も腰を引くことなく多様なプランをご提示くださることを期待している。

と……、返品率の話は以上のような展開で何とか落ち着いたが、適正発注の手助けになっているはずの「自動発注」をチェックしてみたら驚いたことがあった。

平成二六年（二〇一四年）四月に消費税が五パーセントから八パーセントにアップされる。

三月は駆け込み需要がすごく、池袋西武では前年比一五〇パーセント超の売場が続出だった。リブロも他の売場ほどではないが前年実績を大きくクリア。四月に入ると売場の商品のがたつきが目立った。

良い機会だから、以前から気になっていた絵本・児童書の品揃え点検をリブロ全店でやってみることにした。取次のベストセラーデータに池袋本店をはじめとする児童書に強い店舗の売上実績データを加え、全店の在庫データにぶつけてみるというやり方だが、結果を見て背筋が寒くなった。取次の自動発注システムを導入している店舗を中心に、ベストセラーはともかく、ロングセラーが穴あきだらけだったのである。

取次の自動発注システムは決して欠陥装置ではないが、買い切り版元の本やベストランクから外れた本を発注しない指定をすることができる。児童書に詳しい店長や担当者がいない店舗はこの仕組みに頼り、発注されなかった本を手発注しなければいけないのに、そのまま放っておくため、こういった穴あき状況が発生しているのだった。

早速この穴あきを埋めるべく、本部から強制的に発注をかけることにしたが、機械だけに頼っているのはよろしくない。さらに言えば、このやり方をしても万引きやスキャンミスで現物がなくなっているのにデータ上の在庫があるものは、リストアップされず入荷してこない。人力もやはり必要だな、版元の定期的な欠本調査も重要だなと痛感した。

しかし、リブロに限らずこのシステムが導入されている店舗は、売上があまり芳しくなく人件費を少しでも削りたい部類なのもまた真実。困った問題である。結局人を入れることができず、本部のチェック機能も持たない会社の店舗は、着実にやせ細ってさらに売上が落ちていくのが目に見えている。

何とかしたいものだが、こういう流れは個人商店ばかりでなく、大型チェーン店にも忍び寄っている現実を直視しないわけにはいかないだろう。

売れ筋の欠品をなくし、売上を上げる方向で返品率を下げていく。そこは何としても死守したいところだ。

書店の個性を出し、他との差別化を狙って実施してきたのがブックフェアだと思う。一昔前はたしかに返品率など気にせず自由な発想でのびのびとできたものだ。

今考えると、右肩上がりの成長が続いていたし、出版社も取次もとにかく出荷をして、読者の目に触れさせることを重視してくれていた時代である。

しかし、今でも店頭で季節の移り変わりを表現することぐらいは最低限必要であろう。春のお弁当フェア、バレンタイン、夏の旅行ガイド、夏休み課題図書、秋の紅葉・食べ歩き、冬はクリスマス、日記・手帳・カレンダー……。文庫の企画セットを季節ごとに展開している店も多いように思う。

ブックフェア単独で見れば、取次が求める二五パーセントから三〇パーセント以内の返品率達成はかなり難しいと言っていい。

私が入社した頃の池袋本店は、人文系提案型のフェアでも一アイテム五冊から一〇冊は平気で発注していた。「ボリューム感を出さないと目立たない、売れない」というのが先輩の教えだった。このタイプのフェアは売れるに越したことはないのだが、どちらかと言えば本の紹介、本のくくり方の提案が主で、展示会に似ていたのかなあと思う。仕入れた商品が半分売れれば上出来であった。

上に記した季節ごとの提案も最初にドカンと仕入れていたものだが、最近では初回納品を控え目にして、売れたら追加対応でおこなっているようだ。日記・手帳・カレンダーなどはボリュームがなくなると寂しいものだが、版元も返品率に対する意識が上がって展示ケースを工夫したり、クイックな納品をしてくれていた。手帳で一番のシェアのT書店の返品率が二〇パーセントを切ってびっくりしたことを思い出す。

池袋本店は、最後まで各ゾーンでブックフェアをやり続けた。池袋本店は売上高が大きいので、極度に返品率を意識することは少なかったが、それでもフェア期間を今までより長くするとか、納品量を減らして、売り切れた場合は客注で対応する、売れ残りが多いものは返品せずにPOPを付け直して継続販売するなど工夫は凝らしてきた。

今、物流費が高騰し、返品率はますます深刻な問題と化しているが、ブックフェアはリアル書店のウリであろう。

色々と取材したり、勉強したりして構想を練り、お客様に発表・提案することは書店員自らのレベルアップにもつながる。腰を引かずにぜひチャレンジし続けていって欲しいと思う。

一つ気になっていることがある。

ある大型書店がおこなったブックフェアが、政権批判に偏りすぎているという指摘を受け、フェアを中止したことがあった。実は私は中止前にそのフェアを見ていたのだが、一言で言うと「どうってことないフェア」であった。

しかし、たしかに政権をたたえる本はほとんどなかった。書店のブックフェアはその店の主張をどんどん表現すべきだと思うが、お客様は千差万別。全く反対の考えの人もいるということを考え、反対意見の本も少しは置いておくべきなのである。

我々も批判を浴びるブックフェアは数多くやってきた。しかし反対意見の本も必ず置いたし、強硬な意見を言ってくる方には、「このフェアの後スペースを提供しますから、あなたが選書したフェアをやりませんか」という姿勢も見せてきた(……やってくれた人はいなかったが)。

先ほどの書店もそんな対応をすればよかったのに……。その書店の本部は、「社として実施したフェアではなく、店の担当者の発案でおこなったことであり申し訳なかった」と言ってしまう。これにはびっくりであった。

リブロの初代社長小川道明は消費税が導入されるとき、業界が内税表示に走ることについて「頭が悪すぎる。税率が変わったらまた表示を変えなければならない。そんなこともわからないのか」と持論を展開した。

また、「なにもリブロが先頭に立ってやることないのに」と言われる中、「いつかどこかがやらなければならないこと」とバーゲンブックフェアを開催した。

そしてそれに倣ったわけではないのだろうが池袋本店は、オウムに色々な疑惑がかけられた頃、逮捕者が出るまでオウムの出版物を扱ってたくさんの苦情を頂戴したらしい（当時私は別の部署にいた）。

それらがすべて正しかったかどうかは判断が分かれるかもしれないが、書店の考えや主張を入れず、中立・事なかれ主義のブックフェアなんて面白くも何ともない。少なくとも私は、部下がやってみたいと言ってきたフェアについては、目を通し、多少危ない点があるかなと思っても、「まあ、やってごらん。トラブッたら私が出て行くから」と言って後押しをしてきたつもりだ。

ブックフェアは、若いやる気のある書店員の修業の場、彼らを育てる場であるはず。彼らの夢や意見は大事にしていって欲しいと思う。

新しい形のブックフェアにもずいぶんとチャレンジをしてきた。

東京国際ブックフェアはいつの間にかなくなってしまったが、同時開催していたクリエイターＥＸＰＯはまだ継続している。

クリエイターＥＸＰＯはその名の通り、小説、マンガ・イラスト、写真、アニメなどを創作する個人が畳半畳ほどのブースに出展し、ブースの壁面に自分の作品やポスターを展示して自分自身を売り込むというもので、素人を脱していない人はもちろん、かなり著名な作家・作者も参加している。

私は度々出かけていって、これはと思う人に声をかけ、著作の有無を聞いたり、何かワークショップができるかを確認したりして、何人かに目をつけていた……。

吉祥寺パルコの地下に当時あったリブロの店にこじゃれたイベントスペースがあり、そこを利用してフェアをやってみようと考えた。

まずは女性のイラストレーター。白ふくろう舎、さかもとすみよ、なとみみわ、成瀬瞳、カツヤマケイコ、カワハラユキコ（現ハラユキ）の日頃から仲のいい六人グループに場所を提供して、「好きにプランを立てて飾ってみて」と言うと、自らの著書や作品はもちろん、本を贈るときに添えたい小物を手作りで製作し展示即売。またその小物製作のワークショップも開催してくれ、好評のうちに終わることができた。

これがすごくいいヒントになった。

吉祥寺在住で、絵本も出したことのあるイラストレーター木村太亮。当時彼は恐竜図鑑や理科の教科書などに細密なイラストを描いていたが、その絵がすばらしく、原画展をやろうということになっていた。

しかし、原画展だけでは売上は取れない。「それだけじゃつまらないよね」と意見が一致し、Ｔシャツやポストカードなどを作り、原画も複製して販売しようということになった。さらに聞いてみると、ちぎり絵のワークショップもできるという。材料費込みの受講料を設定し参加者を募集してみると、結果は上々だった。

リブロ発、本人発のＳＮＳも次から次へリンク＆シェアされ、満員御礼。今では全国の書店、図書館、幼稚園・保育園からオファーが来るほどになっている。

こういうイベントであれば、売れる新刊やロングセラーを持たないアーティストでも人を集めることができるし、グッズが売れたりワークショップをおこなえば、何がしかのフィーを彼らに払うことができる。我々にもいくらか入る。原画展だけであればお互いタダ働きが当たり前であったが、それも解消することができた。

本の表紙や挿絵でいい仕事をしている人も多い。そういう人たちにはなかなか光が当たらないものだが、このイベントから羽ばたいてくれた人が多数いる。

クリエイターＥＸＰＯに出展していた苗村さとみは、吉祥寺のリブロでの原画展が恒例になった（もちろん様々なグッズ、原画も販売している）。きっかけはやはりクリエイターＥＸＰＯの会場に飾られていた彼女の大正ロマンあふれる絵に、私が一目惚れしたことだった。

その後、『鳥に単は似合わない』（文藝春秋）で松本清張賞を最年少受賞した、阿部智里《ちさと》の表紙を担当。中身も表紙も評判が良く、コンビを続行して、今やこのシリーズは総発行数一〇〇万部に迫る勢いである。

コミックエッセーですでに売れ始めていた田中ひろみともクリエイターＥＸＰＯで会ってびっくりした。「田中さん、もう出る必要ないんじゃない」が最初の一言だったが、「いつまでも勉強。新しい出会いが必ずあるはずだし、若い人の作品から刺激をもらいたいから」と返してくれたのが印象的だった。

その気合が実って、今流行の仏像系の第一人者と言っていい存在になっている。仏像系とは、主としてお年より向けの仏像のなぞり描きやぬり絵、仏像やお寺の紹介などの本のことだが、彼女は執筆だけでなく、なぞり描きのワークショップや仏像に関する講演もこなす超売れっ子である。

書店はいつでも受け身ではダメだと思う。

売れる本売れる作家が出てくるのを待つのではなく、そういう作品やイベント、作家、アーティストを発見し、応援して育て、提案し、売り出していくという発想を持って行動することが必要であろう。

リアルが生き残るための手段の一つではないだろうか。

小説家の応援も続けてきた。

結城充考《みつたか》は平成二一年（二〇〇九年）、『プラ・バロック』（光文社）で日本ミステリー文学大賞新人賞を受賞。この小説は、主人公の女刑事クロハが京浜工業地帯を縦横無尽に走り回って活躍する警察小説であるが、コンピュータを駆使したり、仮想都市が登場したり、全く斬新で「新人賞じゃなくて大賞でいいんじゃないの」と私は惚れ込んでしまった。

「売らなきゃ！　彼を売り出さなければ！」

作品をドーンと多面展開するのは当たり前だが、インパクトのあるＰＯＰも付けたい。そこでやり始めたのが「説明のＰＯＰ・主張のＰＯＰ」である。

結城のときはこんな感じだ。

『プラ・バロック』結城充考　光文社

『プラ・バロック』の主人公はクロハという女刑事!!　クロハは、京浜工業地帯を舞台にコンピュータを駆使して大量殺人を犯す悪魔に挑む。その様はまるで「二一世紀版　女・松田優作」だ。そして、「仮想都市」やコンピュータ用語がいたるところに登場する現未来型犯罪の舞台設定も見事。警察小説の革命的逸品だ!!

一読で続きを読みたくなり、映像化を期待したくなる事必至!!

皆さん!!「結城充考」という新しい才能に早く気づいて下さい!!

リブロは結城充考さんを応援しています。


要は、「○○賞受賞作」とか「店長一押し」とかでなく、その作品がいかにすばらしいか、どれほど惚れているかを伝える・訴える文章を書き込もうと思ったのである。

おかげさまで、『プラ・バロック』を日本一売ることができた。

そして上記のPOPは、文庫版が出るときの帯の文章に採用される。

偶然だが結城も池袋が地元。池袋本店の最後までお互いに応援し合う関係を築くことができ、今も連絡を取り続けている。


村木嵐《らん》は、平成二二年（二〇一〇年）『マルガリータ』（文藝春秋）で松本清張賞受賞。

戦国時代末期、九州のキリシタン大名がローマに派遣した四人の少年使節の物語である。

彼らは八年後に帰国するのだが、キリスト教は禁教となっていて……、というものである。

このストーリーにも惚れてしまった。

しかも村木は、司馬遼太郎家のお手伝いさんをしながら小説修業。司馬の没後も、未亡人の秘書として司馬家を支えていた。作った「説明のPOP・主張のPOP」が、

『マルガリータ』村木嵐

今年の松本清張賞受賞作。

舞台は関ヶ原から江戸の初期、長崎からローマに派遣された四人の少年切支丹の大波乱人生を描く大作です。

「カタカナが多い時代小説なんて？」と思いましたが、グングン引きこまれます！

藩のためにキリスト教を棄てる者、殉教する者……

それぞれの運命が見事な筆致で書き上げられています。

新人でこれだけ書ける「村木嵐」……司馬遼太郎の秘書出身!!

おそろしい時代小説作家の誕生かもしれません!!


である。

司馬夫人はその後病を得て、大阪の病院に入院し亡くなるが、村木は病院に泊まり込んで看病をした。そして夫人の枕元で小説を書き続ける。

夫人が亡くなった後は、八尾市の司馬家を離れ、今は一人京都で創作に励んでいる。『マルガリータ』はバカ売れはしなかったが、力作であるし、何より村木には次代を担う女流時代小説作家に育って欲しいし、その才能があると思っている。そして、その人間性……。大ヒットが誕生するまで応援し続けようと思っている。

丸林佐和子と出会った頃、彼女は造形作家と定義付けられていて、大人向けのＤＩＹ本は数冊出していたのだが、子供向けの工作の本を出したいと強く希望していた。

丸林は、ＤＩＹどころか家まで作ってしまうため、それまでの著作は堅めの出版社から出ており、なかなか自分の希望を聞いてもらえないと言う。

話を聞いてみると、工作は二歳からできる、二歳から四歳向けのメニューが頭の中にあると熱く語る。発想が面白いし、二歳児向けの工作の本はあまり聞かない。「本を出してもらうなら、やはり児童書系だよね」と知り合いのポプラ社の編集者に紹介して実現したのが『はじめてのこうさく　ちぎる・まるめる・おる・かく・きる』（ポプラ社）である。

丸林はこの本を引っさげて、書店などで踊りながら工作をしてみせ、その後ワークショップをするというパターンを作り上げ、今では様々なところから声がかかる売れっ子である。被災地で慰問ワークショップをおこなったり、テレビの教育番組にも頻繁に登場するようになった。

『はじめてのこうさく』はこのジャンルの本としては珍しく一万部を発行し、今も売れ続けている。

山崎まゆみは、『オール讀物』に連載枠を持つ、おそらく日本一の温泉通、温泉エッセイストである。

彼女は、普通の温泉本はたくさん出ているのに、バリアフリー温泉に関する本が見当たらないことがおかしいと考え、出版社数社に話を持ち込んだのだが、その企画がなかなか通らず悩んでいた。

私も母が車イス生活になったので共感し、二人で昭文社に相談して出版にこぎつけた労作が、『バリアフリー温泉で家族旅行』である。

考えてみればこの作品は、個人はもちろん病院や介護施設にも必携であろう。結局地道に売れ、色々なマスコミからも取材されて、昨年続編が刊行された。

丸林の本にしろ山崎の本にしろ、私が関わらなかったら、世に出なかったかもしれないという自負がある。

「俺だってこの二冊だったら売れるって判断できたと思うぜ」と言う書店人も多いことと思う。

「そこからもう一歩踏み出そうぜ」と私は言いたい。そう、上記の二冊は書店人だったら比較的「売れる」と判断できるものだと思う。しかし、それを見過ごしてしまう編集者・出版社もいるのだ。出版社にアピールしきれない作家もいるのだ。

全国の書店員が立ち上がったら、何冊のヒットが生まれるかわからないではないか。出版社や著者との連携、再度提案したいと思う。

芥川賞・直木賞、梓会出版文化賞

浅草の池波正太郎記念文庫には、池波が受賞した直木賞の腕時計と紫綬褒章、勲三等瑞宝章が並んで陳列されている。

直木賞の腕時計は喜んで身につけていたと思われ、革のバンドがゴワゴワになっているのがわかる。勲三等は亡くなってからもらったものだから（しかし、国民栄誉賞をあげてもおかしくない池波に勲三等とは国も見る目がないなと思ったものだが）本人は触ったことがない。紫綬褒章は受章の翌年、池袋西武で催させてもらった「池波正太郎展」のときに展示しようと本人に申し入れたが、どこにしまったか忘れてしまっていて探すのに苦労するほどだったから、直木賞、余程うれしかったに違いない。

池波は昭和三一年（一九五六年）「恩田木工《もく》」で最初の直木賞候補になるが、その後四回の落選を経て、昭和三五年（一九六〇年）上半期、江戸時代信州に移封された真田一族を描いた「錯乱」で受賞する。当時選考委員であった海音寺潮五郎が池波を嫌いだったからという話が残っているが、海音寺は、三回池波の選考に関わり、三回ともバツ印。受賞作「錯乱」にもただ一人バツをつけ、選評で「今のところ僕はこの人の小説家としての才能を買っていない」と語っている。

池波から「最高にうれしかった。海音寺さんが選考委員のうちはもらえないと思っていた」と聞いたことがある。

そんな池波も昭和五六年（一九八一年）から六一年（一九八六年）まで直木賞の選考委員を務めている。

受賞作に池波がバツをつけたのが二作。胡桃沢耕史と林真理子である。胡桃沢については、候補になる前から好きではなかったようだ。選評でも「私はこの作家を買っていない。（中略）この人には自分の作品に対する、もっとも肝心なものが欠けている。小説としての真実がないのである」とまで書いている。

この頃私は授賞式に参加していなかったが、「授賞式の間中、池波さんが胡桃沢さんを睨みつけて、今にも飛びかかりそうだったから、そばにいていつでも止められる体勢でいた」と後で文藝春秋の編集者に聞いた。

林真理子のときは、やはり作品が気に入らず「あんなものに直木賞をやっていいのか。僕はもう選考委員を辞めようと思っている」と言っていた。同じ回で候補になっていた落合恵子を池波は強く推していたようで「林と比べたらどう見たって落合のほうが上だろう？　どう思う、君」とも聞かれた。

林の受賞の一年後、池波と親しい逢坂剛と常盤新平のダブル受賞を見届けて、彼は選考委員を辞す。池波としては満足のいく最後だったと思う。

色々な出会いや、偶然、運も直木賞を決定する重要な要素なのだろう。今では林真理子が選考委員のボス格。彼女には池袋本店としても私としても本当に親しくお付き合いをいただき、お世話になった。不思議なものである。


吉村昭は、芥川賞落選をバネにして大きくなった作家である。彼は、四回芥川賞候補になり、一度は「当選」と連絡を受けて、受賞会見場に駆けつけてみると誤報だったという経験をしている。

さらに昭和四〇年（一九六五年）上半期、妻の津村節子が「玩具」で芥川賞を受賞。吉村は翌年、一念発起して「星への旅」で第二回太宰治賞（初回は授賞該当者なしだったので、実質最初の受賞者である）を受賞。続いて代表作となる長編『戦艦武蔵』（新潮社）が大ヒットして一流作家の仲間入りを果たす。

こちらも運命的なドラマである。吉村が「落選したのは今でも悔しいけれど、当選していたら純文学を極める方向に行っただろうから、武蔵をはじめ、それ以降の作品は書いていなかったかもしれない」と語っていたのを思い出す。

津村にしても、当初は直木賞候補に三回ノミネートされた後、二度目の候補作で芥川賞受賞の経緯がある。それもまた不思議な巡り会わせである。

私は池袋本店を担当する頃から両賞の授賞式に出させてもらっていたが、強烈に印象に残ったものがいくつかある。

一番はやはり、平成二七年（二〇一五年）上半期の芥川賞・直木賞である。このときは芥川賞が又吉直樹の「火花」と羽田圭介の「スクラップ・アンド・ビルド」、直木賞が東山彰《あき》良《ら》の『流』（講談社）と話題作が揃い、世の関心も高かった。

帝国ホテル三階の一番大きい会場は人気者又吉直樹受賞ということで、マスコミ取材陣を中心に大混雑。いつもは表彰式が終わると各受賞者に挨拶する人の列ができるのだが、このときの又吉は特別待遇。文春の腕章をした（おそらく）文藝春秋の社員に守られて、一般人は近付けない。

パーティ終盤一度会場から抜け出すふりをして、また戻ってきたところで偶然遭遇できた。何度もサインをしに来てくれたり、ミニイベントをやってもらったりしてきたので、挨拶&握手。私はラッキーでうれしかったし、彼も良い表情を浮かべてくれた。

ただ、作品のほうはどうだったのかなあ、という気もした。主として芸人の先輩とのエピソードを描いている物語だが、私にはストーリーの山がなく平坦に見えてしまう。似たような話の羅列から抜け出していないように見えたのだ。

たしかにあの時期、二〇〇万部を超えるパワーは書店にとって大いに心強かった。しかし、又吉は才能があるだけに次作以降での当選でもよかったのではと感じた。受賞スピーチで「次作、必ずいいものを書かないと」と語っていたが、いまだに前作を超えるものは書けていないと言っていいだろう。

「火花」は、芥川賞直前の三島由起夫賞最終選考まで残って落選している。それも一つの見識なのかもしれない。

芥川賞・直木賞の選考過程が万人に認められることはないと思う。パーティは大混雑で笑顔があふれていたが、色々と考えさせてくれる授賞式であった。


平成二三年（二〇一一年）下半期の芥川賞・直木賞もたいへんだった。

このときは田中慎弥が「共喰い」で、円城塔が「道化師の蝶」で芥川賞。葉室麟が『蜩《ひぐらし》ノ記』（祥伝社）で直木賞。

田中が受賞発表後のインタビューで「（受賞を）断ったと聞いて気の小さい選考委員が倒れたりなんかしたら、都政が混乱しますんで都知事閣下と東京都民各位のために、もらっといてやる」と言って物議をかもしていただけに、参加者で一杯だろうなと思って行ったら案の定。又吉ほどの厳戒態勢ではなかったが、身動きがしづらい状態だった。

選考委員の講評の後、恒例の受賞者挨拶なのだが、田中はここでも「どうもありがとうございました」という一言のみ。

笑いとため息、「ふざけるな！」の声も飛び交う中、するすると登壇した六〇歳の葉室麟は「田中さんの後ですから少し長くしゃべります」とさすがの気配り。

やや落ち着いたかなといった状況で、またまた珍現象発生。

円城、葉室には挨拶の人の列ができるが田中にはできない。みな恐がって近付かないのだ。「よし、じゃあ俺が行くか」と思って挨拶すると、斜め上を見たまま「はぁ」という返事。噂の都知事閣下を見つけて言いつけてやろうと思ったが、来ていない。

石原都知事（当時）は田中のことを「面白い奴」と言っており、変人どうし会場で会ったらどんな話をするのだろうかと楽しみにしていたし、講評も「石原がやったら面白いのに」と思っていたのに失望であった。

しかも、この回で選考委員を降りるという。そう言えば、石原閣下は選挙がからんだときしか出席しないと聞いたことがある。たしかに授賞式ではあまりお目にかからなかった。なれど、同じく今回で芥川賞選考委員を辞去する黒井千次はキチッと出席して皆に挨拶している。私にまで「お世話になりました。あと何冊書けるかわかりませんが、タイミングが合えば池袋でサイン会を」と言ってくれているというのに……。まあ何と言いますか……であった。

年の初めの賞というと、芥川賞・直木賞を思い浮かべる方が多いことと思うが、梓会出版文化賞も私にとっては興味深い賞である。

梓会とは、専門書系出版社を中心とする出版文化事業団体で、地道に真摯な出版活動を続ける出版社を毎年顕彰している。

選考も自分たちでするのではなく、五十嵐太郎・上野千鶴子（現在は退任）・斎藤美奈子・外岡秀俊・竹内薫・加藤陽子とそうそうたる顔ぶれの選考委員を揃え、厳正な審査を心がけている。

賞は三種類。メインの出版文化賞、特別賞、そして新聞各社の合議で決める新聞社学芸文化賞（これにプラスで新聞社学芸文化賞特別賞が出るときもある）。

最近の受賞社を見てみると、

平成二四年度（二〇一二年度）　出版文化賞：吉川弘文館、特別賞：弦書房・社会批評社、学芸文化賞：新曜社

平成二五年度（二〇一三年度）　出版文化賞：童心社、特別賞：赤々舎・深夜叢書社、学芸文化賞：幻戯書房

平成二六年度（二〇一四年度）　出版文化賞：あけび書房、特別賞：高文研・原書房、第三

○回記念特別賞：みずのわ出版、学芸文化賞：ミシマ社、学芸文化賞特別賞：大阪大学出版会
平成二七年度（二〇一五年度）出版文化賞：花伝社、特別賞：群像社・青弓社、学芸文化賞：勉誠出版
平成二八年度（二〇一六年度）出版文化賞：大月書店、特別賞：太郎次郎社エディタス、学芸文化賞：旬報社、学芸文化賞特別賞：国書刊行会
平成二九年度（二〇一七年度）出版文化賞：石風社、特別賞：無明舎出版、学芸文化賞：左右社

といったところである。

少し順に説明すると、二〇一二年度の吉川弘文館は安政四年（一八五七年）創業の歴史書の老舗で二度目の受賞。誰も文句を言う人はいないだろう。弦書房は二一世紀になってから福岡に誕生した出版社。地元の題材を中心に思想・社会問題・文芸書・山のガイドなど幅広い活動をおこなっている。私が福岡にいた頃に動き始めた会社なので、個人的にもうれしかった。

二〇一三年度の童心社は、児童書の出版社。最近はたまに専門書系でない出版社も選ばれる。同じく児童書の小峰書店も二〇〇八年度に受賞している。特別賞は、設立から日は浅い

が現代美術を中心に意欲的な出版を続けている赤々舎と、業界誌『出版ニュース』の「流謫《るたく》と自存」コーナーで健筆を振るう齋藤愼爾率いる深夜叢書社が受賞。この年も味があるリーズナブルな授賞だと感心していたが、齋藤の「取次は、広告を打てない版元の本は一〇〇冊くらいしか取ってくれない。返品もすぐ返ってくる」とぼやきつつ「それでも志を高く持って出版を続けていく」という受賞スピーチは、その場にいた多くの業界関係者に出版の原点を思い出させる、すばらしいものであった。

幻戯書房は、角川書店の創立者角川源義の長女（角川春樹、歴彦《つぐひこ》の姉）、作家で歌人の辺見じゅんが立ち上げて、文学や思想・哲学関連を懸命に耕してきた会社である。こちらも受賞して当然なのであるが、辺見は平成二三年（二〇一一年）に急逝してしまった。できれば存命中にあげて欲しかったなとしみじみ思った。

二〇一四年度は三〇回記念ということで、特別賞がたくさん出た。あけび書房は、脱原発や戦争反対を貫き、平和・自由・民主主義を追求する書籍中心の出版社。「よくぞ選んだ」と思わせてくれた。また、取次を通さない営業戦略などで何かと話題を提供するミシマ社の受賞もなるほどと納得できるものであった。

二〇一五年度の花伝社は地道に人文書を出し続け、余裕の受賞。勉誠出版は、リブロ時代私もよく知らなかったのだが、今ノリノリで歴史書や図書館学関係の本を勢いよく出している版元。書店も図書館も、この版元の欠本調査は必須だなと感じた。

二〇一六年度はきわめて順当な受賞。

強烈にうれしかったのが二〇一七年度であった。

石風社は、福岡の出版界の重鎮福元満治が率いる出版社で、アフガニスタンで井戸を掘るペシャワール会の医師中村哲や、水俣病を追究した石牟礼道子の著作で有名だが、私が福岡で勤務していた頃本当に色々と引き回してくれたり、教えてくれたりしているので、他人事と思えないほどうれしかった。しかももう一社、秋田の無明舎出版はその昔「東北の本フェア」以来の付き合いである。

授賞式終了後、両社と深い付き合いの地方・小出版流通センター社長川上賢一が、二次会の場所を確保していてくれて、福元、無明舎出版社長の安倍甲《はじめ》を中心に昔話に花が咲いた。

地味で目立たない賞であるが、版元向けの賞はあまりないと思う。毎年参加するたびに新しい発見をさせてもらえるし、版元だって表彰されてうれしくなくはないだろう。今後もこの賞の継続と繁栄を祈りたい。

本屋大賞よ

平成三〇年（二〇一八年）の本屋大賞は、辻村深月の『かがみの孤城』（ポプラ社）。辻村は山梨出身。小さい頃からリブロの系列店「よむよむ」で本を買ってくれていたし、池袋本店にもよく寄ってくれていたので「バンザイ！　よかったね!!」と心の中で叫んでいた。

この小説は、部屋の鏡の中の世界に引き込まれた主人公が、同じ場所に集った人たちと繰り広げるちょっと驚きの物語。いかにも・いかにもな辻村ワールドで、当然の受賞だと思った。が、辻村深月ももはや大家の入り口に立つ存在。この作品も受賞前に五〇万部に迫る勢いだったのだから、違う作品でもよかったのかもしれないとも思ってしまった。

元々本屋大賞は、直木賞該当作なしの年に「なら俺たち本屋が選んだろか！　打倒直木賞や！」的なノリで始まったように記憶している。「〝売れている〟からじゃなくて、俺たちが〝売りたい〟〝読んで欲しい〟本を選ぼうじゃないか」ということで、平成一六年（二〇〇四年）の第一回に、小川洋子の『博士の愛した数式』（新潮社）に受賞させたのではなかったかな。

そんなにたいした売れ行きでなかった本が本屋大賞受賞後爆発的に売れ、映画化・ドラマ化されて、その後も売れ続けた。

自分が直接選考に関わったわけではないが、いわゆる〝本屋冥利的なもの〟を味わわせてもらって幸せに感じた書店員も多かったはずだ。

誰が見ても売れる、売れている本が選ばれる傾向は最近とみに顕著である。前回、二〇一七年の恩田陸『蜜蜂と遠雷』（幻冬舎）は直前に直木賞を受賞したばかり。二〇一五年の上橋菜穂子『鹿の王』（KADOKAWA）もすでにバカ売れしていたし、二位の西加奈子『サラバ！』（小学館）は直木賞受賞作。

平成二八年（二〇一六年）は宮下奈都の『羊と鋼の森』（文藝春秋）。ピアノの調律師が主人公という珍しい設定の物語で、そんなに売れているわけでもなく、「おー、いいじゃん。文春の作品初受賞だ」などと思わせてくれたが、候補作を見てみると、芥川賞受賞したての又吉直樹『火花』（文藝春秋）あり、直木賞の東山彰良『流』（講談社）あり、その他にも住野よる『君の膵臓をたべたい』（双葉社）、中村文則『教団X』（集英社）、辻村深月『朝が来る』（文藝春秋）などヒット作ばかり。

「本屋大賞受賞作は直木賞より売れる」というイメージが定着して久しい。選考委員である若き書店員たちがそんなことに縛られて欲しくないし、景気が良くない昨今だから「より売れるものを選ばなければ」などと考えて投票して欲しくもない。

ビッグヒットが選ばれて「おっ」と思ったのは、第三回（二〇〇六年）のリリー・フランキー『東京タワー』（扶桑社）が最初だったと思うが、あの頃は昭和三〇年代の暮らしを思い出そう、懐かしもうというムーブメントが残っていて、受賞後も「もう一息売ってやろう」という能動的な気持ちが書店にもあった。正しい授賞であったなと今も思う。

とにかく今のままでは、「昨年のベストヒット賞」になり、どうでもいい賞になってしまうのではないだろうか。「読者が気づいていない名品を発掘して、教えてやろう、売ってやるぞ」の気合を持って欲しい。選考委員はもっと読むべし。売れている本しかわからない人は、投票を辞退すべし。

希望すれば投票権を持てるシステムは曲がり角に来ているのかもしれないし、候補作についても、同一年度内に他の賞を受賞したものは対象外にするとか、何万部以上売れているものは除外するといった規制を設けないと、若い書店員の感覚は変わらないのではないかなとも思う。

この賞がすばらしいものであることを再認識して欲しい。リアル本屋の眼力、思い入れ、意地の見せどころなのだという強い意志を忘れないで欲しい。ネットでも楽々売れるものを選び続けていていいのだろうか。頑張りどころだと思う!!

現物を見て選ぶということ

取次の店売がどんどんなくなっている。ネット系の書店が全国に倉庫を作ろうとしているのと対照的である。

私が書店人生を始めた頃は、トーハン、日販とも本社内に店売があり定期的に商品を抜きに行ったものだ。ジャンル別、出版社別にきれいに並べられており「はあ、この出版社はこんなものも出しているんだ」という発見があり、知らない本はその場で手にとって内容の確認ができ、商品知識もつく、いい学びの場であったと思う。

特に印象に残っているのが日販の王子流通センター。

王子には書店に向けて商品を発送するブースが設けられていて、店売で抜いた本はそこへ持っていくと翌日には店に届いた。品揃えは膨大で、端から全部見て歩くとほぼ一日かかる。楽しい仕事であった。

そしてたまには宝物を発見する。売れ筋で版元品切れ中のものがポツンとあったりするのだ。ガルブレイスの『ゆたかな社会』（岩波書店）が岩波の棚の隅に隠れるようにいたのを作業ブースに持っていったときは、皆に驚かれたのを思い出す。

王子の社員食堂も忘れられない。日販の社員はほとんどが灰色の作業服を着て働いており、昼食のチャイムが鳴ると彼らはいっせいに食堂に殺到する。おかずは一種か二種で、アルミのプレートに盛られ、ご飯はそれぞれが食べたいだけ自分でよそう。若者が多いから皆てんこ盛り。

それをガンガンと食す光景は、作業服が揃っていることも加わり、失礼ながらまるで刑務所のようだなと感じていた。

日販といえば、飯田橋と水道橋の中間あたりにミニ店売があり、ここは王子より新刊が入荷するので、度々訪れていた。コミックの人気商品などは「本日○時入荷予定。書店様は一店五冊までお願いします」とポスターが貼られ、整理券をもらって並んだものだ。

ただ、苦い思い出も一つ。聖書のまとめ買いがあって、聖書を切らしてしまったことがあった。「飯田橋（水道橋）の店売にあるはずだから取りにいって、持てるだけ持ってこい」との指令が下った。

飯田橋（水道橋）に駆けつけてみると、たしかに在庫は豊富。今はなくなったようだが、当時日販の箱に二〇Bという特大サイズ（二〇とは二〇キログラム詰められるという意味だったと思う）があり、それに三箱分をゲットした。が、計六〇キログラム。帰り道が遠かった。

一箱ずつ数十メートルかついではまた戻って次の箱を持ってくるの繰り返し。店にやっと帰り着くと「思ったより遅かったなあ」の一言。今なら完全パワハラであろうが、私には懐かしい思い出である。

出版社の倉庫へも行った。ここも今ほど完璧に管理されていないから色々と発見することが多かった。

秋田書店で懐かしのコミック『伊賀の影丸』や『鉄人28号』を発見したときはびっくり。「この作品はまだ売れますよ」と言うと新装重版してくれ、その後長いこと売り続けることができた。岩波書店や山川出版社、吉川弘文館、河出書房新社といった老舗版元でも必ず何か貴重品を発見した記憶がある。

私が入社二年目に筑摩書房が危うくなったが、「会社更生法を申請するかもしれない」という段階で、売場をリードしていた中村と山西が動いた。トラックを一台チャーターして筑摩書房へ駆けつけたのである。

翌日から「がんばれ！　筑摩書房！」と題したブックフェアを開催。以降、長期にわたって筑摩を応援し続けた。

私は入社したばかりで、出版社が倒れるという事情や、そうなったときに書店はどう動くかなど、何もわからなかったのでこのときのメンバーに入れてはもらえなかったが、中村や山西の動き、すばやい対応には本当に感心した。「筑摩をつぶしてはならない」という思いがひしひしと伝わってきた。

平成二二年（二〇一〇年）、児童書の理論社が経営危機に陥る。理論社は、リブロの初代社長小川道明が所属していたことがある会社。良質の児童書を長いこと出し続けてきた版元である。社長の小宮山量平にも池袋本店開業以来お世話になっている。何としてもなくしてはいけないと思った。

私の番である。急いで理論社に向かい在庫のあるものを確認してその場で発注した（筑摩のときのように倉庫で抜くわけにはいかなかった）。理論社の場合は色々な事情があり、注文したものすべてが入ってきたわけではなかったが、コーナーを作り、宣言文をつけた。

「がんばれ理論社」

「創作児童文学」の旗手、理論社が民事再生法の適用を申請しました。

理論社は一九四七年、戦争の傷いまだ癒えぬときに創業。未来を担う子供たちが、夢をもって生きて欲しい。そして、自立した精神をもった大人に育ってもらいたいという意思の下に、良質な児童文学を提供し続けてきました。寺村輝夫『ぼくは王さま』、いぬいとみこ『北極のムーシカミーシカ』、大石真『チョコレート戦争』などは、初期の理論社を支えた作品で、いまだに読み継がれています。灰谷健次郎の『兎の眼』『太陽の子』、倉本聰の『北の国から』シリーズも忘れることはできません。これまで日本の児童文学を支えてきてくれた理論社。その意気と作品は後世に残されるべきと考え、理論社を応援するブックフェアを開催する次第です。がんばれ!! 理論社!!

店主

商品量もそれほど多くないフェアであったが、来店したお客様から温かい応援の言葉をたくさんいただいた。理論社のスタッフもしばしば様子を見に来店してくれた。

結局理論社は、民事再生法の適用を申請し、その後日本ＢＳ放送が作った(新しい)理論社に事業譲渡される。

小宮山は去らざるを得なかったが、理論社は生き残り、業績を回復して今日に至っている。名作たちも何とか消滅せずに済んだ。彼らをたまに書店の店頭で見かけたりすると「がんばってるね」と声をかけたくなる今日この頃である。


そんな数々の思い出があるのだが、もはや日販の飯田橋（水道橋）はなく、王子は残っているものの在庫管理はアマゾン型で並び方に脈略がなく面白みはない。福岡には西鉄薬院駅前に日販の九州支店があった。小さいが地元の出版物や児童書が程よく揃っていて、見て歩いて楽しかったがそれもない。

出版社の倉庫も訪問して自由に在庫を漁れるところはなくなったと言っていいだろう。私としては、昔の店売を残さないとさらにネットに対して劣勢になっていくと思うし、取次やリアル書店の社員が勉強する場がますますなくなってしまうと感じる。現物を手にして、内容を確認して発注することがどれくらい書店員を育てるか、想像以上であることを認識して欲しいと思う。

そう言えば平成二八年（二〇一六年）、日販が麹町に図書館向けの店売「日販図書館選書センター」を開設している。ここは主として小中学生向きの児童書を三万点規模で揃え、十進分類法に従って展示している。決して広くない一三〇坪程度のものだがたいへん見やすく選びやすい。図書館員も現物を見て発注したがっている人は多いから良いことだと思う。書店向けも考えて欲しいものだ。

図書館と書店、出版社、作家……

さて、その図書館である。

複本（＝図書館がベストセラーを多数仕入れること）が激しかった頃、私は業界誌に「図書館は書店経営を圧迫していると思う」と書いたことがある。ひどいところは、ベストセラーを二〇冊、三〇冊平気で入れていたと思うが今はそうでもないようだ。ある程度の選書基準を設け、複本は何冊までという規制をしている行政区も多いと聞く。

出版界全体の景気が一向によくならないため、大手出版社の経営者が「文庫は置かないで欲しい」とか「新刊は貸出禁止期間を設けて欲しい」という発言をし、作家たちも「無料貸本屋状態はやめてくれ」と言って、図書館は悪者扱いされることが多い。

しかしこの問題、そう簡単なものではない。

出版社や、書店、作家の気持ちはわかるが、公共図書館の定義を考えた発言・提言をしないと全く意味がないことに気づくべきである。

すなわち、公共図書館は、書籍・雑誌・新聞・CD・DVDあるいは電子書籍といった刊行物を収集、所蔵をして利用者に提供することを義務付けられ、しかも対価を受け取ってはならないと図書館法で定められているということだ。

公共図書館に「私たち何も悪いことしていませんけど」と開き直られたら事態は何も進んでいかないのだ。

音楽業界と違って、著作物を貸したり使用したりしたときの料金徴収のルールも仕組みもできていない。特に公共図書館の場合は「対価を取っちゃいけない」と決められているのだから、法律を変えるところから着手しなければならないのである。

図書館とてふんぞり返っているわけではない。書店、出版社、作家を大切にしなければ自らも滅ぶということをわかっている。図書館より上流に存在するこの三者があってこその図書館であるとわかっている。著作権使用料を徴収することに反対する理由はないし、本当は「せめてエンターテインメント系の文庫は買って読むべき」とほとんどの図書館員が思っているはずである。

そう、今こそ業界三者に図書館、できれば取次も含めた団結が必要なのだ。図書館の品揃えについても話は複雑だ。公共図書館にはリクエストのシステムがあるところが多く、利用者の要求に素直に応えた結果が大量の複本につながったのも事実であるし、小さい図書館は年々減らされる図書購入費の都合上、文庫購入を優先せざるを得ないのも厳しい現実なのだ。

図書館を利用する人のモラル、文庫しか買えない小図書館の存続問題、これについても業界が力を合わせねばならないことだろう。作家についても同様。作家をこのままにしていたら、電子書籍でしか出さないとか、ネットと直取引、読者と直取引に（すでにそういう人もいるようだけど……）一斉に走り出すかもしれない。そうなったら業界は空中分解、活字文化の継続・伝承も危うい。

そして、図書館の運営を公務員が直接おこなうか、指定管理業者に任せるかも度々話題になるところである。

公共図書館はそもそも公務員が運営してきた（以下、直営と言う）。しかし直営では、人件費もかさんで非正規職員を多く雇わざるを得ない図書館が大半になってしまった。

また、正規の公務員は基本的に二、三年で異動が慣習化しており、司書の資格を持って業務に励んでいる職員が固定されにくく、長期にわたって一つの運営方針が維持されにくい。

ニュータイプの図書館に改装したり、新設しようとする場合は、図書館以外の複合施設運営（カフェ・レストランや書店、カルチャー講座など）も要求され、それは直営ではなかなかできない。

等々の理由から民間の指定管理者に運営を委託するケースが増えてきている。ここでも「公共は利益を上げてはいけない」が障壁になってくる。作家の阿刀田高が初代館長を務めた山梨県立図書館では図書館部分が直営、カフェ・レストランは指定管理、図書の販売は地元書店にやらせるというやり方である。

こういうケースは首長が図書館に対する強烈な情熱を持ち、館長も同様の思いを持つ人を就任させなければ難しい。

そして指定管理で運営する場合は民間業者が担当するので利益を出さねばやっていけない。しかし指定管理期間は三年から五年が普通で、期間満了後契約終了するかもしれないから、こちらも契約社員に頼らざるを得ない。

指定管理会社に所属する図書館員は、自分の会社よりも働いている図書館を何とかしたいと思って日々励んでいる人が多いのに、様々な状況を改善しようと思えば、議会の承認や法律の改正が必要になってくる。というような状態であることを業界として認識し、情報交換や交流をもっと活性化させねばならないと思っている。


例えば文庫の話であるが、図書館としてみれば「置かないでと言われれば置きませんが、単行本何とかしてくださいよ」と言いたいだろう。

わかりやすい例を挙げれば、池波正太郎、司馬遼太郎、藤沢周平。それぞれ亡くなって久しいが、その作品は売れ続けている。図書館としても揃えておきたい作品群だが単行本はほとんど絶版なのだ。

そう、図書館の時代小説棚は単行本で維持できない状態になっている。三作家の単行本はあってもボロボロの状態の図書館がほとんどだ。

数年前NHKの大河ドラマ『真田丸』が大評判を取った頃、原作ではないが池波の『真田太平記』（単行本は朝日新聞社・全一六巻）は引っ張りだこだったはずだが、きれいな本が揃っていた図書館は皆無であったと思われる。

これは、書店でも同じではないだろうか。大型書店をのぞいてみても時代小説コーナーに三作家の単行本がないのはもちろん、何やら知らない作家の本がパラパラと入っている感じで散漫に見える。三作家の単行本が入ったら締まると思うのだが……。

ここで私は、出版社・書店・図書館の連携ができると思うのだ。

公共図書館は全国に三〇〇〇館以上あり、書店もまだ一万二〇〇〇店以上ある。そこに向けて単行本を買い切りで重版（復刊）するというのはいかがだろうか。大型図書館なら二セット、三セット買おうというところも多いだろうし、書店も望むところだろう。二〇〇〇冊や三〇〇〇冊は楽に捌けるのではと私は思っている。取次が舵をとってもいいかもしれない。

もう一つやれると思っているのが、欠本調査である。

書店は売上が即自分の評価につながってくるから、熱心な書店員は定期的に欠本調査をおこなっている。また、自分の担当ジャンルについて〝切らしちゃいけない本〟も先輩から叩き込まれる。

欠本調査をおこなえば、万引きなどで知らないうちになくなってしまったものや、切らしちゃいけない基本書の確認もできる。

歴史の長い図書館には、貴重な本がたくさん所蔵されていて品揃えがいい感じがするが、欠本調査の意識があるところは少ないと思う。

売上がないから鷹揚に構えているということはないのだろうが、新刊配本があるわけでもないし、作家や様々な資格試験の出題者やその著書に関しての情報も少ないので、意外と年度版の更新ができていなかったり、〝切らしちゃいけない本〟がなかったりしているのである。

欠本調査のやり方だが、図書館が全部自分でおこなうのでなく、出版社が在庫（所蔵）をチェックしておすすめ印をつけたリストを出し、それを参考に図書館が選書するというのはいかがだろう。書店では「返品率！　返品率！」と言われてあまり好評でない欠本調査だが、図書館は一冊ずつしか発注しないけれど返品はゼロである。書店では置きづらい渋い本も図書館では必携かもしれない。そんな本がたくさん発見できるのではないだろうか。

ある出版社の知人にこの話をしてみると「なかなかそこまでやらせてもらえない」の弁。営業に行くと露骨にいやな顔をする図書館も多いという。今の出版社と図書館の現場の付き合いってこの程度なんだな、と驚かされた。

リブロにいた頃から私には図書館員の友人が直営、指定管理を問わずたくさんいた関係で、「出版社と図書館はもっと連携しよう」という趣旨の講演会には何度か参加していたが、実態はこんな感じなのだと再認識した。そう言えば講演会の後に「こんなことをやることになりました」という声も聞いたことがない。

図書館と出版社が手を携える第一歩になると思うのだが……。

図書館を利用する人のモラルについても、なぜ手を結んで対策しようとしないのだろうか。予約が多い本については「現在○○は予約一〇〇人以上待ちです。お急ぎの方は近くに△△書店がありますので、そこのご利用をお勧めします」といったポスターが図書館にあってもいいと思う。

読書週間をはじめとする「本を読みましょう運動」についても、図書館が出版社や書店と連携して講演会を絡ませたり、販売を実施したりできるはずである。自治体が難色を示すなら、三者一体で「読者のため、読書振興のため」と説得・陳情すべきであろう。

出版社ももう少し知恵をめぐらせて欲しい。例えば、「四六版宣言」や「名著復刻」といったブックフェアになぜ図書館を絡めないのだろう。図書館と書店の共催にすれば、図書館は自館に所蔵のないものはほぼ一〇〇パーセント購入してフェアを実施すると思われる。

もちろん書店への誘導ポスターも貼ればいい。

出版物の内容を大きく分けると、「教養」と「情報」に分かれると思う。このうちの「情報」は今、ほぼ無料でネットから手に入る。だから雑誌が売れないのだ。情報のベストパッケージと思われていた『ぴあ』が存続できなくなるのだ。「情報」が無料で入手できることに味をしめた人々は、「教養」もタダでゲットしようとし始めている。図書館を無料貸本屋化しようとしているのは彼らである。

自分の権利ばかり主張して、思いやりやゆずり合い、感謝の心を忘れてしまった今の日本人を象徴するような話だ。「○○の品格」といった本が売れているというのに、「読書の品格」はどこへいってしまったのだろう。

今こそ力を合わせようではないか。「スマホに月二万円も使うなら、この本をゆっくり読んでみませんか。手元に置きませんか」といったキャンペーンも共同でできるはずだ。

改めて申し上げるが、書店、出版社、作家を苦しめてやろうなどと思っている図書館は日本国中に一館もない。まずは出版社が文句や愚痴ばかりを言うのではなく、一歩新しい提案をして欲しい。心ある書店や図書館は必ずその趣旨に乗ってくるから。

文庫しか買えない図書館をどうするか、という問題についても、もっと意見を言うべきではないだろうか。

主として公共図書館の分館がその対象になると思うが、私の知り合いで分館で働いている人が「本当に自分の職場が今のまま情けない状態で存続すべきなのかな」と言っているのを聞いたことがある。

また、私が知る限り、小中学校の図書館・図書室はもっと悲惨だ。私が小学生の頃わくわくしながら飛び込んだ図書室はもうないと言っていい。喩えが悪いかもしれないが、資金繰りに行き詰まって本が入ってこない、つぶれる寸前の書店店頭のようだ。

分館はこういう図書室と合一するなどして、文庫は買わず、小中学生向け児童書専門館になるのも一手なのかもしれない。ぜひ意見交換をすべきと考えている。

個人情報の取り扱いもリアル書店は本当に下手である。ポイントカードのシステムを導入していても、おすすめ本の案内はもちろん、誕生日や新入学、卒業などのメッセージすら何もなし、という書店がほとんどではないだろうか。

池袋本店もそうだった。「接客日本一」などと言っていても、「ありがとうございました、またどうぞお越しくださいませ」と呼びかけているくせに、そのお客様の名前も住まいも把握していない。一部の超お馴染みさんを除いて、目の前にいる人が誰なのかわからないのである。

我々はそれに気づき、「昔だってダイレクトメールを送っていたのだから」と、ポイントカードの情報を利用させて欲しいと何度も訴えかけたのだが、池袋西武の反応は「ノー」であった。リブロの客注伝票も「個人情報だから使用してはいけない」とまで言われた。

あきれるばかりであった。「気持ちよい接客さえしていればまた来てくれる」＝リアル小売のおごりとしか言いようがない。

アマゾンをはじめとする通販サイトは一度つかんだ顧客情報を絶対手放さないではないか。手放さないどころか活用しまくって利益を上げ、それをまた顧客管理システム向上に投資し、さらに利益を上げている。

リアル書店の追いつけないはるか前方を走っている。

ここからは私の提案なのであるが……。

公共図書館の管理システムには莫大な情報が蓄積される。しかし、それを商売に利用することは許されていない。

どこか（不動産系か指定管理を請け負っている会社がいいのかな）が有料図書館を作り、自営の書店やカフェ・レストランなども併設させた商業施設を作ってみないかなと思うのだ。

例えば、できれば建物を自分で建て、下層数層を図書館中心とした商業施設、上層はマンションか事務所で賃貸。その上がりは資料費に回す。

入館料を取り、延滞料も徴収してその一部は作家に還元（罰金を取るようにすれば長期延滞や行方不明も激減するはずである）。利用者の情報は、利用者の不利益にならない程度の活用を認めてもらい、書店や他のリアル店舗から色々なご案内をする。

資料は充実するに越したことはないので、当然資料購入費はたくさん必要になってくるだろう。良質のスポンサーがつくのが一番なのだろうが、クラウドファンディングをおこなう手もあると思う。

とにかくどこかがこの類のチャレンジをしないと、何も変わっていかない。

偉大なジャーナリスト、大宅壮一の残した雑誌資料を所蔵した大宅壮一文庫は公益財団法人が入館料を取って運営している。

また、映画、演劇の専門図書館である松竹大谷図書館もやはり公益財団法人が運営。入館料は取らないが、クラウドファンディングを利用して足りない資料費を賄っている。

その拡大複合化ができないだろうかということである。


ネットのやり口はときとして横暴だ。

平成二五年（二〇一三年）末、ＴＢＳからあの大人気ドラマ『半沢直樹』のＤＶＤセットが三万円近い金額で発売されるらしいと聞き、私はＤＶＤ売場併設でないリブロの店でも予約を取ったらどうかと担当バイヤーに提案をした。

ところが担当者は「どうせネット系が最初からバカみたいな値引きしますよ」と言う。

後日そのホームページをのぞいてみると、担当君の言う通り二七パーセントオフ!!　こんな商売ありだろうか。驚きだった。

担当君さらに「九月に集英社から出た『ＪＯＪＯＶＥＬＬＥＲ完全限定版』のときも、定価商品でないからと二〇パーセントオフされて、キャンセル品が全社でまだ三〇冊もありますよ。今じゃ半額処分セール中でお手上げです」と言う。一冊二万円もするシロモノだ。ますます頭を抱えてしまった。版元（メーカー）さんはこういうやり方でもたくさん売ってもらえばうれしいのだろうか？　痛みも何も感じないのだろうか？　と悩んだことがあった。

その晩、アパレル小売に携わる友人との席があり早速尋ねてみると、「本はまだいいよ、再販があるから……。ウチの業界もネット通販にはこっぴどい目に遭わされてるよ」と嘆く。

こういう現象を見ると再販制について（ポイント制についても）根本的な議論をする時期に来ていると思う。

これも、業界がまとまって考えなければいけないことである。

やはり、再販は必要だと考える。特に「技術と文化の安売りは国を滅ぼす」。街の床屋さんが一〇〇〇円カットチェーンの出現でバタバタとつぶれていく様は皆が見た通りである。

エピローグ

考えてみればリブロ池袋本店の最期を看取るのは私の運命だったのかもしれない。昭和五二年（一九七七年）西武百貨店に入社できたのがまず奇跡であった。最終試験で強いコネを自慢していた人がいなくなり私が残ったとき、「本当かよ」というのが正直な気持ちだった。

西武百貨店に合格できてうれしかった。

堤清二という斬新な経営をおこなうイメージのある人の下で働いてみたいと思った。また、当時常務であった和田繁明は私の高校からの先輩であり、三〇歳で課長になり四〇歳で常務になった憧れの人物であった。

さらに、和田は私の入社数年後の西武百貨店絶頂期に、『挑戦的経営の秘密――西武百貨店の発想』（情報センター出版局）を著し、堤と一体になって西武百貨店を引っぱる人だと思っていた。

西武百貨店やセゾングループが元気な頃は本当に楽しく仕事をさせてもらった。

昭和六〇年（一九八五年）株式会社リブロ創立。西武百貨店からリブロに転籍するか否か選択できるシーンがあり、百貨店の他の部門や出版社からお誘いもいただいたが、リブロ労働組合設立に関わっていたのでリブロへの転籍を決断した。

初代社長の小川道明が引退したとき、職人肌の社員がたくさん辞めていった。私はリブロとして独立した以上、自分の好きな本いじりだけするのでなく、経営コストや経営数値もしっかり意識すべきだと考え、二代目社長の市原についていこうと決めた。

その後リブロ内で数回のリストラがあったが、残ってこの会社を何とかしたいと働き続けた。

そして最後、改装後いま一つ成績が上がらない池袋本店を何とかしてくれと言われ、池袋本店店長へ。

サラリーマン人生の分岐点だったなと思うポイントはいくつかあったが、そのときどきすべてリブロに残る選択をした。

今振り返ってみると、入社したときからこのレールが敷かれていたような気がするのである。抗えない運命というものが人間にはあると……。

堤清二の評価については、賛否両論よく耳にするところだ。私も両面があると思う。彼の文化戦略やイメージ戦略はたしかに秀でたものがあったが、彼の頭の中をすべて理解していた幹部はいなかったのではないだろうか。

おそらく、経済や経営学はもちろん、思想・哲学、（現代）音楽、（現代）美術、演劇、詩、小説に至るまで、堤に敵う人間はセゾングループの中に存在しなかったと思うからである。彼のことを「詩人と経営者二つの側面を持つ」と言ったり、ひどい人は「ジキルとハイド」と言ったりするが、私は以前から二面性はないのではないかと感じていた。色々なことに興味を示す、多少の数値感覚を身につけた哲学者が経営をしていたのだと。

興味のあることややりたいことが次々と思い浮かび、他に先駆けて着手をし成功したものも多いが、失敗したものも少なくない。

代表的な成功例が「クレディセゾン」「パルコ」「良品計画」といったところだろうか。経営を任された社長・リーダーが会社を牽引し、後継者を育てることを忘れなかったことが共通点かと思う。

この本を書くに当たって堤の近くにいた何人かに話を聞いたが「堤さんは、すぐ飽きちゃうんだよね」という言葉を何度も聞いた。絶頂期のセゾングループの事業拡大はすさまじいものがあり、堤がすべての会社を細かくチェックできるはずもないが、そのときどき、ケースバイケースで人をスカウトしてきては切るを繰り返し、彼自身が後継者を育てたりプロパーの社員を教育して幹部を養成するということには無頓着だったような気がする。

セゾングループ解体の大きな原因となり、和田と完全に決裂した西洋環境開発の破綻についても、堤は「こんなひどい状態になっているなんて知らなかった」という発言をしているが、京都桂坂ニュータウンや尼崎のつかしん、八ヶ岳リゾート開発、ホテル西洋銀座などの案件については自分が先頭に立って指揮したのは誰もが知るところである。

何だか大きな子供が会社を使って遊んでいるイメージも湧いてくるのだ。

そんな堤に忖度しひれ伏す経営者も多かったと思う。考えてみればリブロポートもそうである。堤の紹介で作った画集や写真集もあったと思うが、刷り部数はどう考えても一桁多かった。あれも気配り・忖度だったのだろう。市原が二代目社長として来なければ、リブロも共倒れになっていたのかもしれない。

それでも、堤清二は我々にとっては「カリスマ経営者」というより「スター」だったのだなと思う。色々と苦労はしたが憎む気にはなれないのである。実に様々なことを教わり体験させてもらった。堤清二という人間を理解し説明できる人はいないと思われるが、忘れようとしても忘れられない大切な人であることは間違いない。感謝である。

経営の職を離れた堤が亡くなるまでの居場所にしたのがセゾン文化財団である。元々堤が私財を投じて作った財団で、演劇活動の応援や美術館の運営をおこなっている。堤はその理事長を務め、ときには作家・辻井喬になって文壇との交わりも続けたようだ。

食のフェアでお世話になった文芸評論家の大河内昭爾から聞いた話だが、大河内と一緒に堤が日本文藝家協会の役員を務めていたとき、「僕は遅れてきた新人ですから」と言って役員の集まりでお茶を淹れていたらしい。

肩の荷を降ろして少しはゆったりした気持ちで過ごしていたのであろうか。大河内も堤も平成二五年（二〇一三年）に亡くなってしまうが、今頃天国で文壇話でもしていればいいけどなと思う。

堤のお別れの会は翌年帝国ホテルで営まれた。発起人は親交のあったドナルド・キーンとクレディセゾン社長の林野宏。実業界、政界、文壇をはじめとする各界の著名人もたくさん集まり盛大なものになった。私も知人の作家にたくさん会ったので会の終わり近くまでいさせてもらったが、西武百貨店の経営陣の顔はほとんど見つけることができなかった。

すべてが恩讐の彼方になるのにはまだ時間がかかるのであろう。

リブロもいつまでもメソメソしているわけにはいかない。すでに私の後輩たちは次を見据えてしっかりと立ち上がっている。私ももう少しこの業界に関わりたい、書店とは違った目線で業界を見直してみたいと考え、図書館に身を置いている。

今、小売の様子を改めて見てみると「たいへんだな」の一言である。書店だけでなくリアル店舗全体がたいへんである。リアル店舗の衰退は街の崩壊につながる。トーハン組だの日販組だのと言っている場合ではあるまい。大型書店の帳合変更や入れ替えをもっと進めようとするのなら、それこそ業界を超えた混乱が広がっていくことだろう。

今の若者は本を読まない・買わない、情報は無料で手に入ると思っていると見えるかもしれない。しかし彼らは、携帯電話やネット系には平気で月二万円、三万円を使っているのだ。読書推進や本を借りるときのマナー、そして大切な本は購入して自分の手元に置くなどの啓蒙活動、さらに著者を守り育てていくことについては図書館を含めた業界各団体が協力をしていくべきである。

紙の本はこれまでも世界の文化・文明を育んできてくれた。紙の本を読んで知識を吸収する、ストーリーの世界に入り込んで様々に想像を広げるといった行為は、他には替えがたいものだ。

その世界を滅ぼしてはならない。微力ながら私もその一端を担えればと思っている。

あとがき

リブロ池袋本店がなくなると決まったとき、何か記録を残しておかねばならないなと思ったが、目の前の出来事に対処するだけで精一杯だった。

リブロ退職後、父が緩和病棟に入ることになり、看護に通う日々が続く。

そして父が亡くなった後、図書館で働かせていただくことになったが、書店とは勝手が違うことも多く、研修もそこそこ厳しいものがあって書く気にはなれなかった。

そうこうしているうちにも時間は過ぎていく。

「そろそろ書かねばならないと思っている」と池袋本店入社以来お世話になっている晶文社の島田孝久さんに相談すると、「とにかく書いてみろ」と言う。

資料を読み込み、自分なりに年表を整理して書き始めたが、休日をつぶし平日は帰宅後パソコンに向かうという日々は苦行以外の何ものでもなかった。ある程度書き上げた段階でゴーサインをいただき、編集の松井智さんが極めて的確なアドバイスをしてくださって何とか完成にこぎつけることができた。お二人に心より感謝申し上げる次第である。

過去リブロについて「昔のリブロはよかった」的な書籍はいくつか出版されているが、私が在籍していた頃も、そして今も真摯にリブロの伝統を貫こうとしている社員は多い。本書でそこを少しでも感じ取っていただければ幸いである。

池袋本店がなくなってしまったのは今も残念に思うが、出版界全体を考えるとあの場所が書店以外のものにならなくてよかったのではないかとも思う。

後継の三省堂書店さん、色々と条件は厳しいと思いますが、何とかあの場所の書店文化を守ってくださることを祈っています。

二〇一八年秋の日に

菊池壮一

参考文献一覧

『リブロ25年の歩み』（株式会社リブロ）
『堤清二と昭和の大物』松崎隆司著（光文社）
『わが記憶、わが記録　堤清二×辻井喬オーラルヒストリー』御厨貴・橋本寿朗・鷲田清一編（中央公論新社）
『堤清二　罪と業――最後の「告白」』児玉博著（文藝春秋）
『セゾンの挫折と再生』由井常彦・田付茉莉子・伊藤修著（山愛書院）
『セゾンからそごうへ　和田繁明の闘い』佐藤敬著（東洋経済新報社）
『オール讀物』二〇一三年五月号（文藝春秋）
『理想の書店――高く揚げよう「お客さま第一」の旗』青田恵一著（青田コーポレーション出版部）

菊池壮一　きくち・そういち
一九五五年、東京都生まれ。早稲田大学卒業。一九七七年、西武百貨店入社、同書籍部へ配属。一九八五年に株式会社リブロが創立すると、二年の出向期間を経て転籍。二〇一五年七月二〇日、リブロ池袋本店の閉店時には執行役員店長を務めた。現在は日比谷図書文化館図書部門長。

書店《しょてん》に恋《こい》して
リブロ池袋本店とわたし

二〇一八年一〇月一五日　初版

著者　菊池壮一
発行者　株式会社晶文社
〒一〇一-〇〇五一
東京都千代田区神田神保町一-一一
電話　〇三-三五一八-四九四〇（代表）
〇三-三五一八-四九四二（編集）

印刷・製本　株式会社太平印刷社

〈検印廃止〉落丁・乱丁本はお取替えいたします。

 ISBN 978-4-7949-7058-9　Printed in Japan
http://www.shobunsha.co.jp

好評発売中

市場のことば、本の声　宇田智子

沖縄の本を地元で売ることにあこがれて、那覇に移住して9年。店先から見えてきた、そして店先で考えてきた、本のこと、人のこと、沖縄のこと……。古本屋の店主にして気鋭のエッセイストが新たな視点で綴る、珠玉のエッセイ集。

ローカルブックストアである――福岡ブックスキューブリック　大井 実

2001年に船出した福岡の小さな総合書店「ブックスキューブリック」。素人同然で始めた本屋の旅は、地元の本好きや町の商店主を巻き込み、本を媒介に人と町とが繋がるコミュニティづくりへと展開した。15年の体験をもとに、これからの本屋づくり、まちづくりのかたちを示す。

文字を作る仕事　鳥海 修

フォント制作会社「字游工房」の代表にして、書体設計士の著者が考える理想の文字とは何か？　これまでに制作した文字。そこに込めた思想。影響を受けた人たちとの交流……。「水のような、空気のような」書体を目指して活動してきた37年間を振り返る。

きょうかたる きのうのこと　平野甲賀

日本を代表するデザイナー、平野甲賀。京城（現ソウル）で生まれ、東京、そして小豆島へ。いつでも自由自在に新たな活動を模索してきた。文字や装丁、舞台美術やポスター、先輩や後輩、友人、家族のこと……。昨日から今日、そして明日を気ままに行き来しながら綴る。

口笛を吹きながら本を売る――柴田信、最終授業　石橋毅史

岩波ブックセンターの代表として、神保町の顔として、日々本と向きあってきた柴田信さん。1965年4月、芳林堂書店に入社以来、書店の現場から〈本・人・街〉を見つめつづける名翁に、『「本屋」は死なない』（新潮社）の石橋毅史が3年にわたり密着した渾身の書き下ろし。

本なんて読まなくたっていいのだけれど、　幅 允孝

本というメディアの力を信じ、本と人とが出会うための環境づくりを生業とする著者は、デパート、カフェ、企業ライブラリー、はたまた病院にまで好奇心くすぐる本棚をつくってきた。好きな本について、本の仕事について、日常について語った待望のエッセイ集。

あしたから出版社　島田潤一郎

一冊一冊こだわりぬいた本づくりで多くの読書人に支持されるひとり出版社「夏葉社」は、どのように生まれ、歩んできたのか。編集未経験からの単身起業、ドタバタの本の編集と営業活動、忘れがたい人たちとの出会い……。創業から5年間のエピソードを、心地よい筆致で綴る。